STEPHEN CHUN-TAO CHENG

EL TAO
DE LA VOZ

LA VÍA DE LA
EXPRESIÓN VERBAL

TÉCNICAS OCCIDENTALES
Y PRÁCTICAS ORIENTALES PARA
EDUCAR LA VOZ CANTADA Y HABLADA

Gaia
Ediciones

Título original: *The Tao of Voice*

Traducción: Gaia Ediciones

Diseño de cubierta: Sofía Alabarcez

© 1991, S. Chun-Tao-Cheng

Publicado por acuerdo con Inner Traditions International
a través de International Editors' Co.

© Distribuciones Alfaomega S.L., Gaia Ediciones, 2021
   Alquimia, 6 - 28933 Móstoles (Madrid) - España
   Tel.: 91 617 08 67
   www.grupogaia.es - E-mail: grupogaia@grupogaia.es

Primera edición revisada: septiembre de 2025

Depósito legal: M. 16.343-2025
I.S.B.N.: 978-84-1108-182-5

Impreso en España por Artes Gráficas Cofás, S.A., Móstoles (Madrid)

Este libro está dedicado a las personas que usan la voz como vehículo para promover la paz y la armonía por todo el mundo.

Índice

buena entonación mediante la inspiración apropiada. La doble inspiración para las notas y frases largas. Indicaciones y ejercicios para ampliar tu escala vocal. Notas altas. Notas graves. Ejercicios para ampliar tus dinámicas. Cómo saber cuándo tu entonación es correcta. Aprender a mantener una melodía. Cómo corregir el canto desafinado.

Deja volar tu espíritu: cantar de memoria. El canto con variedad de matices tonales. Cómo desarrollar y utilizar tu identidad vocal. Elementos de interpretación. Cómo transformar el estado del miedo en un estado de alegría: un enfoque oriental y occidental.

Salud mental. Salud física. Conclusión: el canto y la conexión cuerpo-mente-espíritu.

Agradecimientos

DESEO EXPRESAR mi profundo agradecimiento a mi agente Mia Grosjean —más que una agente, una verdadera amiga—, que ha trabajado a mi lado en cuerpo y alma en la producción de este libro; y a Jean Houston, cuya enseñanza ha sido una gran fuente de inspiración para mí.

Me siento agradecido por los consejos y la ayuda de mis editoras, Leslie Colket, Susan Davidson y Susan Keniston, y de mi directora de arte, Estella Arias. También deseo agradecer el esfuerzo creativo de las dibujantes Elaine Foster, Leslie Phillips y Annamie Curlin.

Doy las gracias a Mavis Moore y a Earl Price por su ayuda para hacer posible este libro, a Alexandra Soteriou por presentarme a Mia Grosjean y a Da Liou por su asesoramiento. Agradezco también la guía de los directores de seminarios Frank Korsaro y Joshua Logan. Los siguientes profesionales también me han sido de gran ayuda: Alexander Kiopnis, Harstey Johnson, Harry R. Wilson, Emanuel Balaban y Sergio Kagen.

Expreso también aquí mi profundo reconocimiento a todos los amigos y estudiantes que, durante años, han apoyado mis esfuerzos para desarrollar *El Tao de la voz* y en particular a Dean Herbert London, de la Universidad de Nueva York, y a

Stella Adler, cuyas esclarecedoras enseñanzas me han permitido profundizar mi visión del arte de interpretar.

Deseo expresar mi agradecimiento a Chen Chin —quien, en la tradición china, es mi estimado «hermano mayor»— por dejarme utilizar un detalle de una de sus pinturas en la cubierta [de la edición original].

Prólogo

EXISTE UNA VIEJA HISTORIA procedente de la antigua China sobre un campesino al que se le escapó un caballo. Cuando sus vecinos fueron a ofrecerle sus condolencias, él respondió simplemente: «Quizá». Al día siguiente, su caballo volvió acompañado de seis caballos salvajes. Sus vecinos volvieron a visitarle, esta vez para expresar su sorpresa y su alegría por tan buena suerte. De nuevo, él respondió: «Quizá». Al día siguiente, su hijo se rompió una pierna intentando montar uno de aquellos caballos salvajes. Los vecinos se compadecieron de él por este revés de la fortuna, pero, una vez más, el campesino respondió simplemente: «Quizá». El día siguiente trajo la llegada de oficiales del ejército que obligaron a los jóvenes a alistarse, pero dejaron al hijo del campesino atrás por su pierna rota. Los vecinos se reunieron entonces para celebrar que todo hubiera salido bien, pero el campesino simplemente dijo: «Quizá».

Este campesino, un taoísta clásico, sentía su vida como parte de un patrón más amplio y en desarrollo que posee su propio carácter circular y que permite la interrelación de fuerzas opuestas. El ritmo del tiempo es el vehículo de este desarrollo y, de este modo, él sabía que no existe una actividad final y que, por ello, únicamente se puede suspender todo juicio y dejar al Tao fluir por donde vaya.

Qué diferente de los enfoques occidentales es esta perspectiva taoísta china de ver la potencialidad circular de todas las cosas, lo Uno unificado y fluyendo a través de lo múltiple. Qué diferente es esto de la noción newtoniana de un universo puesto en movimiento por un acto original de creación, al que se le permite moverse por sus propios programas independientemente del Creador. En última instancia, esto hace de la realidad un conjunto de acontecimientos mecánicos que se manifiestan en un complejo entramado de secuencias causales separadas que actúan e interactúan a través de la historia. Nosotros, en Occidente, todavía soportamos la mayor parte de este punto de vista mecanicista y trasnochado y por ello padecemos una visión estrecha que nos acostumbra a buscar causas y efectos en todos los aspectos de nuestro mundo y de nuestro trabajo. Esto produce las expresiones artísticas forzadas y la noción separada de nuestro lugar en la realidad. Así, no podemos ver, como ven los taoístas, la interacción de todos los patrones inherentes al tejido causal de conexiones.

Lo que llamamos taoísmo refleja este tejido causal, que tiene tantas miríadas de formas, tantas facetas, tantas manifestaciones caprichosas —amén de una profunda base filosófica y un salvaje, completo, mágico y alquímico pasado— que prácticamente nadie puede definirlo con autoridad. El taoísmo incorpora la sabiduría y los descubrimientos milenarios, desde las prácticas ocultas y terapéuticas del legendario Emperador amarillo del año 3000 a. C. hasta la filosofía expuesta hace casi 2500 años en las obras de Lao Tse y Chuang Tsu, pasando por los descubrimientos de los yoguis versados en el arte de rejuvenecer, prolongar la vida y lograr alguna de las diversas clases de inmortalidad. Para los místicos que buscan la unión con lo sublime, el Tao significa cultivar prácticas derivadas de tratados filosóficos y yóguicos, además de preparar el cuerpo y la mente para la coherencia y la cocreatividad con la Naturaleza y el Uno. Muchos taoístas están implicados en todo este entramado de enseñanzas y prácticas.

El filósofo taoísta y profesor de canto Stephen Chun-Tao Cheng es, seguramente, uno de los exponentes vivos más auténticos de esta compleja filosofía natural. En *El Tao de la voz* nos ofrece una interpretación encontrada en el *Tao Te King*: cuando se deja que los acontecimientos sigan su curso natural, estos se desarrollan con maravillosa perfección y armonía. Esto sucede porque, en este caso, el Tao (la eterna Vía del universo) no es obstaculizado en su suave movimiento. Cuando se aplica al desarrollo de la voz, se convierte en un método único para evocar una profundidad y amplitud de la expresión vocal que el vocalista disfruta y encuentra bella al mismo tiempo. En la brillante filosofía y práctica artística de Cheng se evitan las prácticas dolorosas y aburridas de las calistenias vocales y de los programas occidentales para producir efectos específicos. Aquí se encuentra un desarrollo integral que favorece un fortalecimiento tanto físico como espiritual. Uno se desarrolla a medida que canta y, al cantar, despierta el propio ser.

Cheng ofrece al estudiante métodos para combinar felizmente los principales ejercicios de respiración de la práctica taoísta con los métodos de reeducación psicofísica de la voz y del cuerpo entero. Así, los principios taoístas del movimiento circular continuo de la respiración a través del cuerpo y la interacción de las fuerzas opuestas están presentes como elementos integrantes de cualquier desarrollo psicofísico profundo.

Cheng indica cómo desarrollar el sentido del canto, tanto kinestésico como imaginativo, y cómo fortalecer la imagen del cuerpo en la interpretación mientras se entona la voz con presencia emocional. Muestra cómo las expresiones vocales realizadas en la imaginación kinestésica tienen resultados positivos en el canto real. A lo largo del libro, Cheng hace demostraciones de ejercicios que proporcionan un trabajo simultáneo con el cuerpo, la mente y el espíritu para obtener los resultados deseados. Naturalmente, también existe un progreso en las funciones cognitivas y emocionales, ya que los grandes cambios producidos en el córtex motor del cerebro que deben preceder a los cambios en el sistema muscular afectan también a áreas adyacentes del cerebro y tienen efectos positivos en el pensar y en el sentir. El canto se convierte en una alegría, un arte y un misterio, en un regalo de salud para uno mismo y para los demás. Las distorsiones en la imagen corporal se curan a medida que se va encontrando una conciencia más refinada. En el taoísmo clásico dicha conciencia se cultiva como un hábito, se convierte en el estado natural del cantante y, por ello, se hace sin esfuerzo.

Es conocido el triste hecho de que muchos cantantes, así como otras personas que emplean su cuerpo para crear arte —bailarines, músicos, atletas—, pueden deformar su instrumento físico porque su conciencia solo es parcial. De esta manera, con frecuencia se dañan a sí mismos por la necesidad de superarse, forzando sus cuerpos en un desarrollo nocivo e indignante para «ganar» y «alcanzar» un objetivo cuestionable.

Como afirma elocuentemente el *Tao Te King*:

> «Si tensas el arco al máximo,
> desearás haberte detenido a tiempo;
> afila una espada excesivamente y
> comprobarás que se vuelve roma».

Con los métodos presentados en este libro pueden desecharse totalmente estas insensatas prácticas, ya que la conjunción sagrada de los hallazgos de Oriente y de Occidente aporta una posibilidad de renovación humana y un reencantamiento del mundo a través del lenguaje elevado y del canto sagrado.

> «Conocer la armonía es conocer la Eternidad.
> Conocer la Eternidad es estar despierto».
>
> DR. JEAN HOUSTON

Introducción

«El gran Tao fluye por todas partes...
Él alimenta las múltiples cosas».

LAO TSE

«Deja a tu voz y a tu espíritu fluir con el Tao».

EL AUTOR

CONSTITUYE UN SENTIMIENTO GOZOSO experimentar la transformación de la propia voz, un instrumento sin igual que expresa nuestros pensamientos y emociones más directamente que cualquier otro. En este libro deseo compartir mi enfoque de este proceso de transformación. Aunque existen otros métodos, yo ofrezco el mío como una alternativa para aquellos que buscan nuevas vías para alcanzar el pleno potencial de su voz.

El *Tao de la voz* está basado en cursos de canto y técnicas vocales que he impartido en la Nueva Escuela de Investigación Social de la Universidad de Nueva York, en el Conservatorio de Arte Dramático Stella Adler de Nueva York y en otras instituciones. Este libro es fruto de años de estudio y de interpretación como cantante y actor en conciertos, en televisión, en películas y en espectáculos de Broadway. Está concebido principalmente para ayudar a los lectores a desarrollar sus voces y potenciar el arte de cantar y de hablar mediante un método de condicionamiento procedente de la unión armoniosa de la sabiduría de Oriente y Occidente.

Mi enfoque aúna por primera vez lo mejor de la técnica vocal occidental, de la antigua filosofía china y de las prácticas de respiración, así como importantes descubrimientos psicofísicos personales. Dichos descubrimientos se aplican en todo el libro en numerosos ejercicios, incluidos algunos de movimiento corporal y otros de respiración y canto con el movimiento circular continuo. Estos mismos principios también forman los capítulos sobre técnicas y ejercicios vocales. Basados en una fusión armoniosa de sentimiento, visualización y movimientos corporales, se utilizan para canalizar en los practicantes un estado alterado saludable en el que puedan dejar fluir sus voces a través de los difíciles obstáculos vocales y lograr así sus objetivos.

Durante años he utilizado este enfoque taoísta y gracias a él he obtenido resultados notables en mí mismo y en muchas otras personas. Con este enfoque se puede lograr, en un periodo de tiempo razonablemente corto, una mejora de la cualidad del tono y una extensión de la escala vocal. El enfoque taoísta también ayuda a desarrollar una actitud armoniosa, la pose y la presencia en el escenario, fundamentales para cualquier artista. Este método puede ayudar a cantantes y no-cantantes por igual a desarrollar un matiz y una identidad vocal, así como una práctica eficaz. También les enseñará a curar los quiebros de la voz, superar el miedo escénico y mantener una buena salud física y mental —todos ellos componentes vitales para mantener una voz sana—. Este libro resultará útil tanto si el lector está estudiando formalmente la voz como si no. Fomentará la apertura de un nuevo canal para la voz, así como para la transformación y el crecimiento personal.

Aunque la mayor parte del material de este libro se dirige a cantantes, las personas que no cantan pero quieren mejorar sus voces en el habla pueden beneficiarse enormemente imbuyéndose de su filosofía y practicando los ejercicios especialmente concebidos para ello. Los lectores pueden empezar por los ejercicios con los que se sienten cómodos y, después, continuar con los demás.

Todos sabemos que el canto bello y expresivo proporciona alegría al que canta y al que escucha. Eleva nuestro espíritu y abre los canales de nuestro ser para recibir las bendiciones del universo. Hay veces en la vida en que nos sentimos bien porque hemos cantado una canción que nos agrada, incluso aunque no podamos cantarla bien. Sin duda alguna, cantar afecta a nuestras vidas ¡y siempre lo hace de una manera positiva!

A través del canto me he hecho más consciente y agradecido hacia la calidez y al resplandor de la gente y de la Naturaleza y creo que desarrollar esta conciencia puede crear una calidad de entonación más rica y cálida. Este agradecimiento puede unir a la gente, produciendo buenos sentimientos y amistades perdurables. Nos inspira el hecho de reconocer que formamos parte de la Naturaleza y que esta forma parte de nosotros. Considera esto: el ideograma chino para *música* —que se pronuncia «yueh»— es el mismo que para *felicidad* —que se pronuncia «lo»—. Esto implica que la música y la felicidad están íntimamente relacionadas; incluso pueden convertirse en una misma cosa. Espero sinceramente que aquellos que no canten permitan que este libro les ayude a cantar y que los que cantan continúen cantando para dejar que la alegría de la música y del canto enriquezca sus vidas.

1. Bases filosóficas

«En su movimiento, el Tao es grande,
activo, de amplio alcance y cíclico».

LAO TSE

Las raíces del taoísmo

Mi enfoque del canto deriva de lo mejor de la técnica vocal
occidental y de las enseñanzas del taoísmo, una filosofía china
cuyas raíces se remontan al legendario sabio Fu Shi, que vivió
hace unos tres mil años a. C.

Los primeros escritos importantes sobre la filosofía taoísta
se encontraron mucho después en el *I Ching* y en *El libro del
Tao y del poder*. Las bases del *I Ching* fueron los comentarios de
Confucio a los escritos de King Wei, del año 1143 a. C., y los de
su hijo Tan, duque de Chou, escritos unos treinta años después.
El *I Ching*, también conocido como *El libro de los cambios*, se
ha convertido en un importantísimo clásico chino, consultado
como fuente común de las filosofías de Confucio y del Tao.

El libro del Tao y del poder[1] —un comentario filosófico sobre
el Tao— se atribuye al trabajo de Lao Tse en el siglo VI a. C.
Tanto este libro como el *I Ching* constituyeron las bases para
una investigación posterior de la filosofía taoísta por parte
de otros brillantes estudiosos, en especial Chuang Tzu en el

siglo III a. C. Hacia el siglo VI, el taoísmo se había establecido sólidamente en China como una de las principales religiones y filosofías.

Aunque el taoísmo es con toda seguridad una importante teología oriental, no constituye un simple sistema de contemplación pasiva o de especulación ociosa. También es una filosofía práctica que ha tenido una extensa influencia en el arte, la ciencia, la medicina, la salud y otros campos, como puede comprobarse en la amplia bibliografía existente. El Tao, en su sentido más amplio, es la manera natural en que funciona el universo, es el sendero que siguen los acontecimientos naturales. Se caracteriza por la creatividad espontánea, la interrelación dinámica y armoniosa de las fuerzas opuestas y la secuencia regular y ordenada de los fenómenos naturales, como la primavera tras el invierno y la noche tras el día.

El taoísmo añade una sabiduría intuitiva al conocimiento racional. En su *Tao de la física*, Fritjof Capra señala que la observación atenta de la Naturaleza, combinada con una fuerte intuición mística, condujo a los sabios taoístas de la Antigüedad a profundas comprensiones que hoy día han sido confirmadas por las teorías científicas. Capra piensa que uno de los principales aciertos del taoísmo es haberse dado cuenta de que la transformación y el cambio son características esenciales de la naturaleza, manifestadas en la interrelación dinámica de los opuestos[2]. Capra también relaciona este concepto con la afirmación del pensador griego Heráclito, que vivió en el siglo VI a. C. y que se cita con frecuencia cuando se habla de la física moderna. Al afirmar que «todo fluye», Heráclito compartía el énfasis de Lao Tse en el cambio continuo y cíclico de la Naturaleza[3].

El valor del Tao reside en su poder de aunar los opuestos en un nivel superior de conciencia. «Reconciliar las polaridades para alcanzar una manera equilibrada de vivir y una mayor integración es la tarea de la psicoterapia», escribió el conocido autor taoísta Chang Chun-Yuan en su libro *Creatividad y taoísmo* al relacionarlo con la psicología moderna[4]. Y en 1929, el destacado psiquiatra Carl Jung reveló que había utilizado inconscientemente principios taoístas en el tratamiento de sus pacientes[5].

El *yin* y el *yang* y el principio supremo esencial

Para comprender los fundamentos de mi técnica vocal, debemos investigar el taoísmo. Hemos de intentar entender el diagrama del principio supremo esencial o T'ai Chi Tu, mostrado en la figura 1, así como los conceptos que contiene:

Figura 1.

El fundamento de la filosofía taoísta afirma que los opuestos o polaridades —el *yin* y el *yang*— existen en todas las cosas y en todas partes. Por ejemplo, el *yin* en el lado sombrío de la montaña y el *yang* en el lado soleado. Lo femenino es *yin*, lo masculino es *yang;* lo blando es *yin*, lo firme, *yang;* ceder es *yin*, empujar es *yang*. *Yin* y *yang* son un par de fuerzas complementarias que actúan sin cesar en el universo. Eliminar una es destruir la otra.

Al cantar, los opuestos incluyen el volumen alto y bajo, las notas agudas y las graves, los tiempos rápidos y lentos, la inspiración y la espiración. Esta filosofía dinámica, que los taoístas llaman la «interrelación de las fuerzas opuestas», puede verse mejor en el antiguo símbolo chino T'ai Chi Tu, o diagrama del principio supremo esencial, creado en China hacia el año 1200 d. C. Antes de la creación de este símbolo, se habían desarrollado otros para representar el principio supremo esencial, pero este en particular ha perdurado a través de los tiempos y es el que continúa utilizándose más extensamente.

Este diagrama sintetiza dos conceptos taoístas muy importantes: el del movimiento continuo circular y el de la interrelación de las fuerzas opuestas. Ser capaz de visualizar y entender estos dos conceptos en acción es importante para mi técnica vocal. El diagrama del principio supremo esencial muestra el oscuro *yin* y el luminoso *yang*. Muestra la relación simétrica y rotativa del *yin* y del *yang* a través de la interrelación dinámica de las fuerzas opuestas. Los círculos más pequeños del diagrama simbolizan la idea de que dentro del *yang* está el *yin* y dentro del *yin*, el *yang*. El equilibrio entre los dos opuestos simboliza su interdependencia esencial.

El diagrama sugiere dos figuras en forma de pez que ilustran el movimiento circular continuo dentro del círculo. La línea divisoria curvada simboliza la energía que fluye constantemente de una fuerza a otra, un dar y recibir esencial al movimiento circular. Este es el movimiento del Tao.

La importancia del movimiento circular continuo y de la interrelación de las fuerzas opuestas fue señalada y descrita por Lao Tse:

> «En su movimiento, el Tao es grande, activo, de largo alcance y cíclico.
> Es inmutable como la unidad, incesante y permanentemente renovado».
>
> LAO TSE

Las palabras de Lao Tse evocan maravillosas imágenes para la voz y el canto. Las imágenes que suscitan en un cantante un concepto, un método o un maestro tienen mucho que ver con la respuesta positiva o negativa de este. Estos pensamientos taoístas son las raíces desde las que ha crecido mi enfoque. Así, lo que lo distingue de otros métodos es principalmente la aplicación de estos conceptos del movimiento circular y de la interrelación de las fuerzas opuestas (*yin* y *yang*), junto con la adaptación de la respiración profunda de los ejercicios de taichí y mi propia técnica psicofísica.

La visualización es una parte muy importante de esta última. Cuando se visualizan los conceptos del movimiento circular continuo y de la interrelación de las fuerzas opuestas, se puede imaginar el movimiento de un giroscopio o incluso de un trompo. Este movimiento es al mismo tiempo horizontal y vertical y va hacia adentro y hacia afuera, creando la energía necesaria para mantener el equilibrio. Junto con este, la sensación de la energía en circulación es parte esencial del Tao de la voz.

El prodigio del movimiento circular continuo

En el buen cantar solo hay una voz —suave y sin quiebros—, aunque, por comodidad, los cantantes se refieren a diferentes registros como voz de cabeza y voz de pecho. El equilibrio de la voz en los registros de cabeza y pecho y el paso fluido de un registro a otro son esenciales para producir una buena voz. El movimiento circular continuo puede ayudar a conseguir este equilibrio.

El movimiento circular continuo puede obrar prodigios prácticamente en todos los aspectos de la vida y somos a menudo testigos de ello. Puede encontrarse en la rueda en sus muchas formas, incluyendo los discos de música o las cintas de vídeo y ordenador. La braza o el crol, el lanzamiento de disco e incluso caminar y correr son actividades que utilizan la maravilla del movimiento circular continuo. También está presente en el giroscopio utilizado en el mundo científico.

A principios del siglo XVI, Leonardo da Vinci utilizó círculos para definir la calistenia y los movimientos de danza, y se basó para ello en el movimiento de la Tierra girando sobre su eje[6]. Actualmente, en China se aplica el movimiento circular continuo y la interrelación de las fuerzas opuestas en el ejercicio nacional de salud supremo: el taichí. A fines del siglo pasado, esta forma de ejercicio también se popularizó en otras partes del mundo, especialmente en Estados Unidos. Su desarrollo se atribuye a Chang San Feng, un taoísta que vivió en el siglo XIII. Se cree que el taichí fomenta en muchos practicantes la salud la felicidad y la longevidad, porque relaja el cuerpo y la mente, calma el sistema nervioso, favorece la circulación de la sangre y el corazón, mejora el funcionamiento de las articulaciones y ayuda a la digestión. La coordinación del cuerpo, la mente y el espíritu estimula el flujo continuo de la energía respiratoria o energía vital (*qi*) y es esencial en la práctica del taichí. Y creo que también es vital para la formación de una buena voz.

Como el movimiento circular y la dinámica de la interrelación de las fuerzas opuestas se utilizan tanto en el taichí, he seleccionado dos formas de ejercicios básicos que he modificado ligeramente: el gallo dorado y la meditación en movimiento (ver el capítulo 3). Son muy fáciles de aprender y su práctica diaria te ayudará a relajarte y a centrarte, a respirar con amplitud, a generar un flujo de energía espontánea para el canto y para el habla y, lo que es más importante, a estar en armonía con el Tao al crear un equilibrio entre tu cuerpo, tu mente y tu espíritu.

La meditación taoísta, que es parte esencial de la vida cotidiana de muchos chinos, también se aplica al movimiento circular continuo. El estilo de vida taoísta deriva de un estudio cuidadoso, que combina la meditación y las prácticas diarias de salud física desarrolladas durante siglos. La meditación que utiliza el movimiento circular continuo se llama *meditación del gran círculo* y se puede practicar de varias maneras. En una, el círculo empieza en un punto detrás del entrecejo que los taoístas llaman el *centro del espíritu* (Tsu-Ch'iao)[7]. La concentración total en este punto se considera de importancia vital para el progreso y el crecimiento espiritual. El gran círculo continúa desde allí hacia el *centro de la energía vital* (Tan-T'ien), que está situado en el bajo abdomen, aproximadamente cinco centímetros por debajo del ombligo. En esta práctica de meditación taoísta, imaginamos que la respiración fluye desde el centro del espíritu hasta el centro de la energía vital para volver después en un movimiento circular continuo.

Cuando inspires al meditar, deberías imaginar que tu respiración baja desde el centro del espíritu al centro de la energía vital. Al espirar, imagina que tu respiración continúa bajando desde el centro de la energía vital, hacia atrás, a la base de la espina dorsal, y después sube por esta, pasando por detrás del cuello, hacia la coronilla, alcanzando de nuevo el centro del espíritu. Al empezar a inspirar de nuevo, repite el circuito.

La meditación del gran círculo se visualiza como un círculo que pasa a través del cuerpo y que conecta el centro del espíritu con el centro de la energía vital. En la filosofía taoísta, la conexión de estos dos centros psíquicos puede tener el poder de fortalecer el espíritu, la sensibilidad, la energía y el pensamiento.

El poder creativo del estado meditativo profundo: el momento «Ajá»

Otro aspecto de la meditación taoísta es el estado creativo y vital profundo que permite alcanzar. Cuando estamos en un estado meditativo profundo como en la meditación taoísta sedente o en el taichí, estamos en contacto con nuestra intuición. Millones de células nerviosas de todas las áreas de nuestro cerebro están «hirviendo» de sincronicidad; es decir, están enviándose unas a otras impulsos eléctricos bien coordinados. Muchas partes del cerebro están resonando, el cuerpo y la mente actúan como una unidad. En momentos como estos, sabemos instantáneamente lo que tenemos que hacer. De repente tenemos la visión, la comprensión, la intuición de hacer lo que es correcto. Yo llamo a este punto de descubrimiento el momento «Ajá».

En ese momento, son muchas las cosas que puedes hacer. Como compositor, puedes oír la pieza musical exacta que quieres componer. Como cantante, puedes tener una nueva comprensión de un tema concreto o simplemente saber cómo cantarlo de manera que la música, la técnica y tú mismo os volváis uno (ver el capítulo 7).

A pesar de que la intuición, la creatividad y la inspiración son funciones normales, generalmente no estamos abiertos y en paz o no confiamos lo bastante en ellas para dejar que se expresen. La meditación y el taichí son vías para ayudarnos a alcanzar la sincronía y estar en contacto con su intuición. Es importante contar con tales momentos de inspiración, tanto si es eres actor o cantante como si no.

Visualizar el movimiento circular continuo en la meditación y en el canto me ha ayudado —a mí y a otras personas— a crear buenas entonaciones libres y a abrir canales para el canto expresivo. En el canto, tu voz debe estar en unión con tu energía, tu espíritu, tus emociones, tu intuición y tus pensamientos. Las vibraciones producidas por las buenas entonaciones y el canto expresivo pueden estimular otras vibraciones y llevar a tu cuerpo y a tu mente al estado de total armonía. A través del movimiento circular continuo y de las vibraciones del sonido, es posible abrir canales que den lugar a esos maravillosos momentos de inspiración.

Notas

1 Lin Yuntag, *The Wisdom of China and India*, Ed. Random House, 1942, p. 579. Este libro también es conocido como *The Book of Tao* y *The Tao Teh Ching*. Su grandeza inspiró al famoso autor Lin Yutang, a afirmar: «Si existe un libro en la literatura oriental que deba ser leído antes que cualquier otro, en mi opinión es el *Libro del Tao* de Lao Tse». Lao Tse es una variación de la pronunciación del nombre Lao-Tzu y Lato Tzu.

2 Fritjof Capra, *El Tao de la física*, Ed. Luis Cárcamo.

3 Ibid., p. 104. Capra cita a G. S. Kirk, *Heraclitus: The Cosmos Fragments*, Ed. University Press, 1970.

4 Chang Chung-yuan, *Creativity and Taoism*, Ed. Harper & Row, 1970, p. 5.

5 Richard Wilhelm y C. G. Jung, *El Secreto de la flor de oro*.

6 Edmond Bordeaux Szekely, *Creative Exersises for health and Beauty*, Ed. Academy Book Publishers, 1976. Szekely emplea las notas y dibujos de da Vinci de los archivos Sforza de Milán y Florencia para reconstruir las ideas del artista sobre el movimiento circular.

7 También es llamada la *cavidad original* y es considerada por los taoístas uno de los centros esenciales para la meditación. En la tradición india asiática, el lugar situado detrás del entrecejo se llama el *tercer ojo*. En Occidente sabemos que esa es la zona del cerebro donde está situada la glándula pineal. Justo debajo se encuentra otro centro de meditación importante llamado el *loto de los cuatro pétalos*. Su función consiste en poner los pensamientos en acción. He descubierto que, si canalizo mi deseo de tener una entonación libre y buena o un canto expresivo y bello a través del tercer ojo y del loto de los cuatro pétalos, con frecuencia puedo crear el sonido exacto que quiero obtener.

2. La filosofía taoísta de la respiración y del canto

> «El Tao es inmutable como la unidad,
> incesante y permanentemente renovado».
>
> LAO TSE

La interrelación de las fuerzas opuestas y la «recogida» del sonido

Los que viven conforme a la filosofía taoísta buscan el equilibrio en cada una de sus acciones, por lo que este principio debería aplicarse también al canto. Al espirar y dirigir la respiración hacia arriba (*yang*), imagina que estás «recogiendo» el sonido (*yin*). En este pensamiento —que es claramente opuesto a la espiración— se aplica la filosofía taoísta fundamental de la interrelación de las fuerzas opuestas. He descubierto que esta técnica ayuda a eliminar la tensión de la garganta y al correcto funcionamiento del diafragma, sin necesidad de un control voluntario. Además, centra la energía detrás del sonido.

El concepto de «recoger» está basado en tres principios muy importantes. El primero, que ya hemos visto, es la interrelación de las fuerzas opuestas; de esta forma mantienes un correcto equilibrio mental y físico —ni demasiado relajado ni tenso—

entre ti mismo y una fuente imaginaria. El objetivo de este enfoque es producir un estado totalmente equilibrado del ser. El segundo principio es el movimiento circular continuo: en el ejercicio de recogida, que explicaremos posteriormente, trazas un círculo completo que empieza en el centro del espíritu y pasa por el centro de la energía vital. El tercer principio es la creencia en la importancia de las imágenes y de la imaginación, que pueden utilizarse al cantar como lo hace un pintor clásico chino: antes de posar el pincel sobre el papel, el artista ha trazado en el ojo de su mente una imagen clara con su imaginación.

A lo largo de este libro utilizaré dichas técnicas psicofísicas o frases como «recoger» o «recogiendo» el sonido, acompañadas por imágenes o acciones imaginarias. (Estas imágenes son completamente diferentes a términos fisiológicos como *inspirar*). Por ejemplo, te pediré que imagines que tu voz es tan redonda, radiante y cálida como el sol; que tu sonido está persiguiendo con rapidez una pelota hasta el centro de la Tierra o que estás abrazando a un ser querido para recrear un sentimiento intenso. Estas imágenes pueden estimular en ti un saludable estado alterado del ser, fortaleciendo tu espíritu y capacitándote para recrear efectos específicos.

Recuerdo que cuando era niño en China, tenía una maravillosa cometa que me había hecho mi tío. Solíamos volarla juntos y fue con él con quien comprendí la interrelación de las fuerzas opuestas. Mientras volaba la cometa, aprendí cuándo tiraba mucho o muy poco de la cuerda, ya que tenía que ejercer una tensión constante para mantener el control. La fuerza opuesta en acción era el viento, que siempre intentaba alejar la cometa. La fuerza con la que yo tiraba de la cuerda la determinaba la fuerza del viento, mi intención de acercar o alejar la cometa y a qué velocidad quería hacerlo. Mi tío también me aconsejaba: «Tira de la cuerda como si tirases desde Tan T'ien (el centro de la energía vital). Tu tracción será más fuerte y tendrás más fuerza para controlar la cometa».

El ejercicio de recoger o de tirar hacia ti es muy parecido. El procedimiento consiste en atar el cabo de una cuerda de unos dos metros y medio de longitud al picaporte de una puerta y arrojar el otro cabo por encima. Al cerrar la puerta, la cuerda queda fija. Colócate después a medio metro de la puerta, sosteniendo la cuerda con la mano derecha por encima de la frente. Inspira recogiendo o tirando como si estuvieras haciendo volar una cometa (ver la figura 2). Imagina que estás tirando hacia el centro de tu energía vital, que se encuentra a unos cinco centímetros debajo del ombligo. Los músculos de tu abdomen se fortalecerán y harán que tu diafragma funcione correctamente. Esto es clave para lograr una buena voz.

Ya estás preparado para empezar a cantar. Empieza imaginando que estás recogiendo el sonido en el sentido contrario a tu espiración; de esta manera, esta acción de recoger pasa a través del centro del espíritu —que se encuentra detrás del entrecejo— para luego bajar a tu centro de energía vital. Imagina que tu sonido recorre estos dos puntos, creando el principio de un movimiento circular uniforme y continuo. Puedes aplicar el mismo método al hablar, en especial al hablar en público, o al representar un papel en una obra de teatro.

En la siguiente sección, explicaré este ejercicio con más detalle, ya que está relacionado con el movimiento circular continuo.

Ejercicios de movimiento circular continuo

Un movimiento circular continuo uniforme reforzará la interrelación de las fuerzas opuestas y ayudará a crear el flujo de energía vital necesario para producir un buen sonido potente o uno lírico y delicado. También te ayudará a controlar o a coordinar tu respiración para cantar o hablar sin rigidez

Figura 2.

ni tensión, porque el diafragma funcionará eficazmente por sí mismo. Otros beneficios que notarás son:

- No empezarás con gallos al cantar una nota o sonido, sino que tendrás un comienzo uniforme.
- Evitarás que tu respiración se precipite por la garganta tensando los órganos vocales. Tu garganta se relajará y las cuerdas vocales vibrarán libremente, emitiendo un buen sonido.
- Serás capaz de utilizar la respiración de manera activa, sin rigidez, logrando sonidos fuertes y con resonancia o suaves y aterciopelados.
- Serás capaz de cantar notas o frases largas y de hablar largos periodos de tiempo sin necesidad de micrófono.

Hay dos formas de entrar en el movimiento circular continuo: vertical, que es la que más utilizo, y horizontal.

Movimiento circular vertical

1. Al inspirar a través de la boca abierta, alza el brazo hasta la altura de la frente (figura 3). Al mismo tiempo, dirige la respiración imaginando que va al centro de tu energía vital o Tan T'ien, así reforzarás la zona del abdomen.
2. Inmediatamente después de inspirar, imagina que vas a «recoger» el sonido al empezar a cantar.
3. Empieza a cantar como si el sonido fluyese dentro de ti, moviendo simultáneamente la mano hacia abajo para indicar la dirección que está siguiendo tu voz (figura 4). Con la práctica frecuente de este ejercicio, sentirás cómo fluye el sonido a través de la cabeza, la garganta, el cuerpo y todo tu ser. Concéntrate en cantar

con la garganta totalmente abierta (ver los ejercicios de apertura de garganta en el capítulo 5).

4. Termina de cantar la nota como si la estuvieras dibujando hacia abajo, en el centro de tu energía vital (figura 5).

5. Cuando inspires para comenzar la próxima nota, alza el brazo de nuevo como en la primera fase (figura 6).

Recuerda que el ejercicio del movimiento circular vertical solo muestra la dirección de tu sonido, así que no buscamos trazar un círculo perfecto. En principio, deberías hacer un círculo amplio para una nota larga y uno pequeño para una corta. Por ejemplo, supongamos que tienes dos notas cortas tónicas y en medio una corta átona, como en la frase «ven a mí». Empieza tu círculo arriba, por encima de la cabeza, bajando la nota mientras cantas la palabra «ven».

Figura 3.   Figura 4.

Empieza la segunda parte de la frase en la parte inferior del círculo, subiendo la nota mientras cantas la palabra átona «a». Finaliza cantando la frase con la palabra tónica «mí», mientras bajas la nota hacia el centro de tu energía vital. Así evitarás gallos en las notas tónicas, que producen tensión en la garganta y sonidos desagradables.

De esta forma, para las notas largas, haz círculos amplios; para las cortas, hazlos pequeños. Adapta la amplitud y la velocidad del movimiento circular continuo a tus necesidades. El radio del círculo no está limitado por el movimiento de la mano (figura 7). Al hacer el ejercicio del movimiento circular continuo, solo tu imaginación podrá limitar el tamaño del círculo; ¡puede llegar desde el cielo hasta el centro de la Tierra! De hecho, otra manera de acabar el canto de una nota larga es imaginar que el sonido se adentra profundamente dentro de la

Figura 5.   Figura 6.

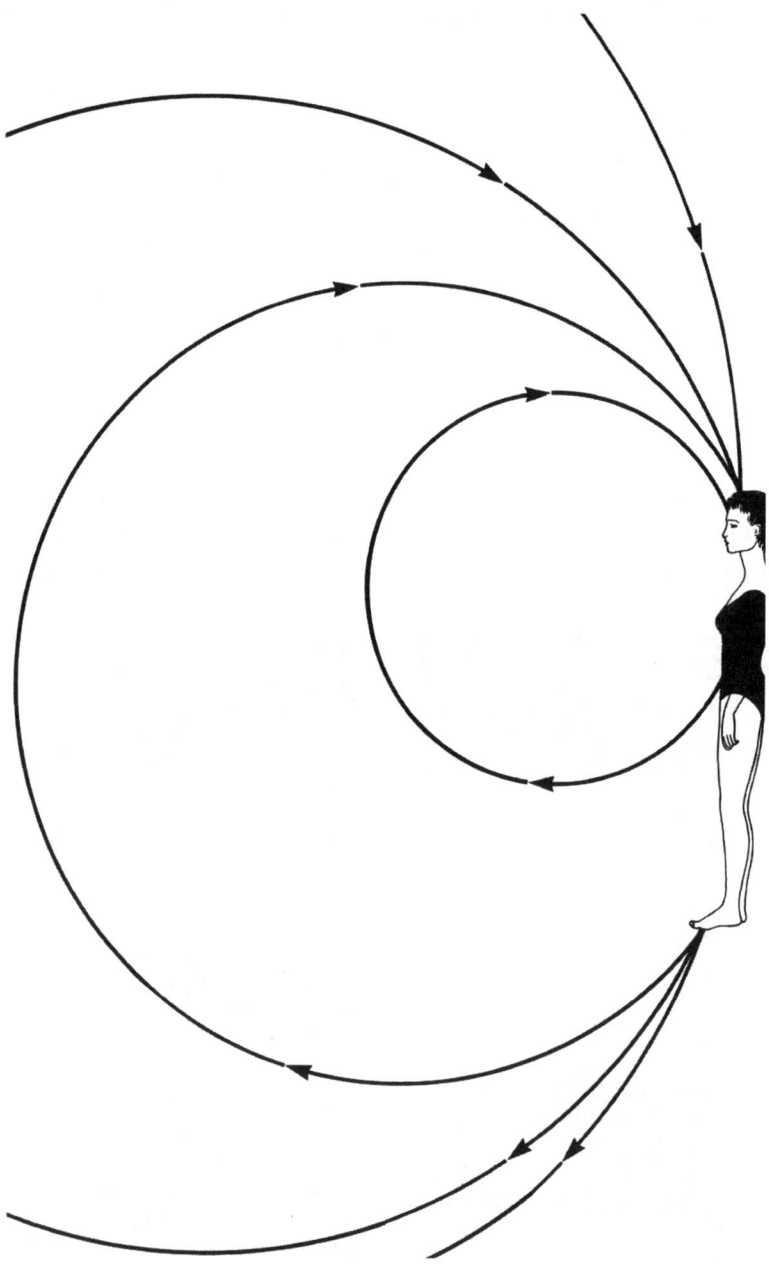

Figura 7.

Tierra en línea recta; cantar así produce un sonido muy vigoroso. Imagina que tu sonido, mientras se desplaza en un movimiento circular, se reúne y se funde con las maravillosas vibraciones del sol, el universo, el cielo, la tierra, el océano, la naturaleza y la gente. Cuando logras pensar de esta manera, todo tu ser se llena de vibraciones enriquecedoras.

Tu entonación sonará más viva y vibrante cuanto mayor sea la velocidad del movimiento del círculo. En principio, cuanto mayor sea el círculo, más alta será la velocidad. Para crear este sonido vibrante, también puedes imaginar que tu voz está persiguiendo una pelota en movimiento hacia abajo, hasta el centro de la Tierra. A medida que aumente tu volumen vocal, imagina que estás persiguiendo la pelota cada vez más deprisa.

En música, las notas altas expresan una emoción fuerte. El uso de este ejercicio no solo evita la tensión por el incremento de energía, sino que también ayuda a mantener la energía en movimiento.

Cuando practiques el canto y utilices la mano para dirigir el sonido, ve alternando las manos o emplea las dos a la vez[1]. Al cabo de un tiempo, podrás practicar este ejercicio de manera kinestésica, es decir, imaginando el movimiento circular sin utilizar las manos. Finalmente, podrás sentir que tu voz fluye hacia afuera y hacia adentro en movimientos circulares.

El movimiento circular horizontal

1. Empieza este ejercicio cantando una nota larga, utilizando el movimiento circular vertical descrito en las páginas anteriores. Comienza por cualquier nota de la escala media o media-alta con la que te encuentres cómodo y sin tensión. (Las notas altas encajan muy bien con este ejercicio porque te darán más resonancia en la

cabeza). Sugiero utilizar primero el sonido /ah/, pero si prefieres otra vocal (por ejemplo, el sonido /i/), adelante. También puedes utilizar un sonido con consonante como /fa/ o /ma/. Canta tu nota a un volumen medio-alto durante los dos primeros minutos, después súbelo. Sigue el principio taoísta: practica con gran entusiasmo, pero sin forzar la voz.

2. Intenta sostener la nota mientras trazas rápidamente un círculo horizontal por encima de la cabeza, con los dedos apuntando hacia abajo (ver la figura 8). Imagina que tu sonido es como una corriente de luz solar brillante que describe rápidos círculos en torno a tus dos hemisferios cerebrales. Al mover la mano, mueve con ella el brazo desde el hombro. Comprobarás que tu cuerpo sigue automáticamente este movimiento, así que no te preocupes si la entonación no suena estable. Al elevar la mano derecha sobre la cabeza, traza un círculo en dirección contraria a las manecillas del reloj. Alterna el uso de la mano derecha y de la izquierda.

3. Intenta mantener la nota hasta que sientas que no te queda aliento, pero sí energía. A continuación, inspira y continúa.

Evita siempre la rigidez y la tensión. Por ejemplo, mientras sostienes la nota, no bloquees la mandíbula, mantén abierta la parte superior de la garganta y escucha tu entonación en tu «oído mental» antes de empezar a cantarla. No te preocupes por lo desafinada que pueda haber sido la nota.

¡Piensa siempre hacia adelante!

Después de practicar este ejercicio durante cinco minutos, repítelo esta vez imaginando simplemente el movimiento de las manos, dirigiendo mentalmente la voz en un movimiento circular continuo rápido a través de tus dos hemisferios cerebrales.

Figura 8.

Este ejercicio puede ayudarte a aumentar el volumen de tu sonido con mucha rapidez. Una noche, tras enseñar a mis estudiantes este ejercicio y practicarlo juntos durante cinco minutos, alguien llamó a la puerta de la clase. Abrí y un hombre me dijo:

—Estoy impartiendo un curso en la clase de al lado y su clase está emitiendo sonidos muy altos, ¿podrían bajar el volumen, por favor?

El ejercicio del movimiento circular horizontal también puede ayudar a cantar notas más altas. Uno de mis estudiantes varones no podía pasar de la nota re en una escala normal, a pesar de mantener su garganta bien abierta. Tras practicar este ejercicio durante unos minutos, fue capaz de llegar a dos notas superiores.

El movimiento circular vertical y el horizontal son ejercicios sumamente eficaces para incrementar la resonancia vocal en un corto periodo de tiempo. Se pueden apreciar resultados visibles tras la primera práctica de este ejercicio, pues en seguida se produce un aumento de la resonancia de la voz —suena más fuerte—, incluso tras practicar solo diez minutos. Esto permite disfrutar de los ejercicios y genera la motivación necesaria para seguir ensayando. La práctica diaria de estos ejercicios durante quince minutos a lo largo de una semana hace que la voz adquiera más resonancia y aumente su conciencia e intensidad.

Es importante señalar que deberías empezar tu sesión con otros ejercicios antes de pasar a estos. Por ejemplo, los ejercicios de «recogida» de este capítulo o los de movimiento corporal y meditación en movimiento del capítulo 3. También resultan útiles ejercicios de buena postura, apertura de garganta, apertura correcta de la boca y buenas entonaciones mediante la inspiración adecuada.

Es aconsejable que el estudiante tenga una garganta flexible y abierta, además de un buen sentido del flujo de la energía al realizar el movimiento circular vertical, antes de pasar al horizontal. Normalmente, esto puede conseguirse en un periodo de entre cuatro y seis semanas.

El uso combinado del movimiento circular vertical y el horizontal ayuda a activar la energía y estimula la interrelación dinámica entre los hemisferios izquierdo y derecho. La voz, al crear buenas vibraciones sonoras libres, puede estimular el cerebro para funcionar a niveles de energía más elevados, incrementando así el potencial creativo del artista.

Notas

1 Según la doctora Jean Houston, esta es una manera eficaz de despertar el lado menos dominante, ayudando a activar y a coordinar más áreas del cerebro. Ella cree que empleando ambas manos o ambos lados del cuerpo se aumenta la fuerza y disponibilidad del cerebro. Me confirmó que introducir así ejercicios vocales ayuda a mejorar la coordinación del canto. Esta hipótesis ha sido apoyada por una investigación de la doctora Houston.

3. Ejercicios que proporcionan un estado saludable para vocalizar e interpretar

«El secreto de todas las leyes naturales y humanas es el movimiento que se une a la devoción... El entusiasmo muestra devoción al movimiento, por ello, el cielo y la tierra están de su lado y se mueven con él».

I Ching

S EGÚN LA PRÁCTICA TRADICIONAL, un cantante ha de vocalizar antes de empezar una canción. La vocalización es un ejercicio de calentamiento que pretende activar y coordinar los músculos y la respiración para producir una voz correcta.

Los ejercicios mente-cuerpo-espíritu presentados en este capítulo proporcionan un estado saludable para vocalizar e interpretar y fomentan la creatividad. Te liberarán de la tensión física y emocional, aclararán tu mente, reforzarán tu energía y elevarán tu espíritu. Te sugiero que practiques ejercicios de movimiento corporal y de meditación en movimiento por lo menos diez minutos antes de empezar a cantar. Por supuesto, si dispones de más tiempo, los beneficios serán mayores.

Mientras haces estos ejercicios, imagina que te has unido a las buenas vibraciones del universo. Avanza con esta intención. Recuerda que eres parte del universo y que el universo es parte de ti. Ábrete a la vibración, no la fuerces, simplemente deja que venga a ti. Deja que el sentimiento de libertad y de apertura fluya en tu vocalización y en tu canto. Te sentirás como un niño, abierto y desinhibido, lleno de entusiasmo y con un gran sentido de la diversión.

Cantar debe convertirse en parte de tu vida diaria. Si realizas estos ejercicios con frecuencia, comprobarás que cantas mejor y que estás en mayor armonía con la Naturaleza.

Antes de describir los ejercicios, debo decir una o dos palabras sobre la música. Puedes hacer los ejercicios con o sin ella, según tus gustos personales. Tal vez prefieras un silencio total o escuchar la música en tu imaginación. Si prefieres hacerlos con música, te recomiendo seleccionar algo lírico y suave. Yo no utilizo música melancólica, sincopada o cromática. Puedes elegir fragmentos apropiados de sinfonías, conciertos, sonatas u otras piezas largas, o también escoger alguna melodía corta.

He aquí algunas piezas que utilizo cuando quiero algo animado:

Beethoven: *Sinfonía n.° 6* o *Sinfonía pastoral* (primer movimiento).
Smetana: *Moldava*.
Vangelis: *Carros de fuego* (música electrónica).
Vivaldi: *Las cuatro estaciones*. *Primavera*. Concierto en mi para violín, cuerda y continuo (allegro).

Cuando quiero música suave y lírica, a menudo selecciono una de estas piezas:

Barber: *Adagio para cuerda*.
Beethoven: *Claro de luna* (movimiento lento).
Chopin: *Concierto para piano* (movimiento lento).

Copland: *Primavera apalache.*

Mozart: *Concierto para piano n.º 21*, en do mayor (segundo movimiento, andante).

Pachelbel: *Canon en re.*

Sibelius: *El cisne de Tuonela.*

Vangelis: *Ignatio* (primera parte, música electrónica).

Villa-Lobos: *Bachiana brasileña n.º 5*, para soprano y ocho cellos.

Vivaldi: Concierto en mi mayor para violín, instrumentos de cuerda y continuo (movimiento *adagio*).

Ocasionalmente uso algunas piezas de música asiática, como selecciones de música china, hindú o japonesa. Las composiciones de Kitaro, *Silk Road* volúmenes I y II, están interpretadas con sintetizadores y son piezas sumamente apacibles, a la vez que vivaces. También utilizo mis propias composiciones y grabaciones de sonidos de la naturaleza (olas, grillos o pájaros), este tipo de grabaciones se venden comercialmente.

Durante los últimos años, con el desarrollo de los sintetizadores y otros instrumentos electrónicos, se ha creado un nuevo campo de sonidos conocido como la música de la Nueva Era. Solo he mencionado dos músicos en esta área —Kitaro y Vangelis—, aunque hay otros muchos por descubrir.

Como la música es muy personal, lo ideal sería que eligieras piezas que te gusten. Puedes utilizar música con la que estés familiarizado, pero intenta también escuchar la música de maestros que no conozcas tanto. Esto enriquecerá tu vida abriéndote a nuevas experiencias musicales.

Por último, también puedes crear tu propia música y ejercicios nuevos, lo cual puede ser una experiencia muy gratificante.

Ejercicios de movimiento corporal

El gran círculo solar

1. Colócate con los pies paralelos y a una distancia un poco mayor que la de los hombros, con las manos relajadas a los lados (figura 9).
2. Junta las manos en el centro de tu energía vital (unos cinco centímetros por debajo del ombligo), una palma sobre la otra y mirando hacia arriba. Al mismo tiempo, agáchate, manteniendo los talones en el suelo, hasta que tus rodillas formen un ángulo de 145° (figura 10).
3. Con las manos aún juntas, alza los brazos por encima de la cabeza formando un amplio arco. Inspirando, termina con las manos hacia abajo. Al mismo tiempo estira las piernas y levanta los talones hasta quedarte de puntillas (figura 11). Siente cómo se estiran tus brazos y piernas —y, por supuesto, todo el cuerpo— con una sensación de apertura. Este movimiento, como todos los demás, debe hacerse a una velocidad relativamente lenta.
4. A medida que acercas los talones al suelo, espira y vuelve a bajar las manos trazando un arco hacia los lados, hasta que las palmas vuelvan a encontrarse y quedar una sobre la otra en el centro de tu energía vital, como en la segunda fase (figura 12). Agáchate otra vez, repitiendo desde la segunda hasta la cuarta fase.

Repite cinco o diez veces el movimiento entero, pensando con entusiasmo al bajar los brazos: «Estoy recogiendo las maravillosas vibraciones del universo». Estos movimientos expresan esta recogida de energía. Observa cómo te vuelves más fuerte, abierto y pacífico. Termina bajando los brazos lateralmente hasta que queden colgando a los lados del cuerpo.

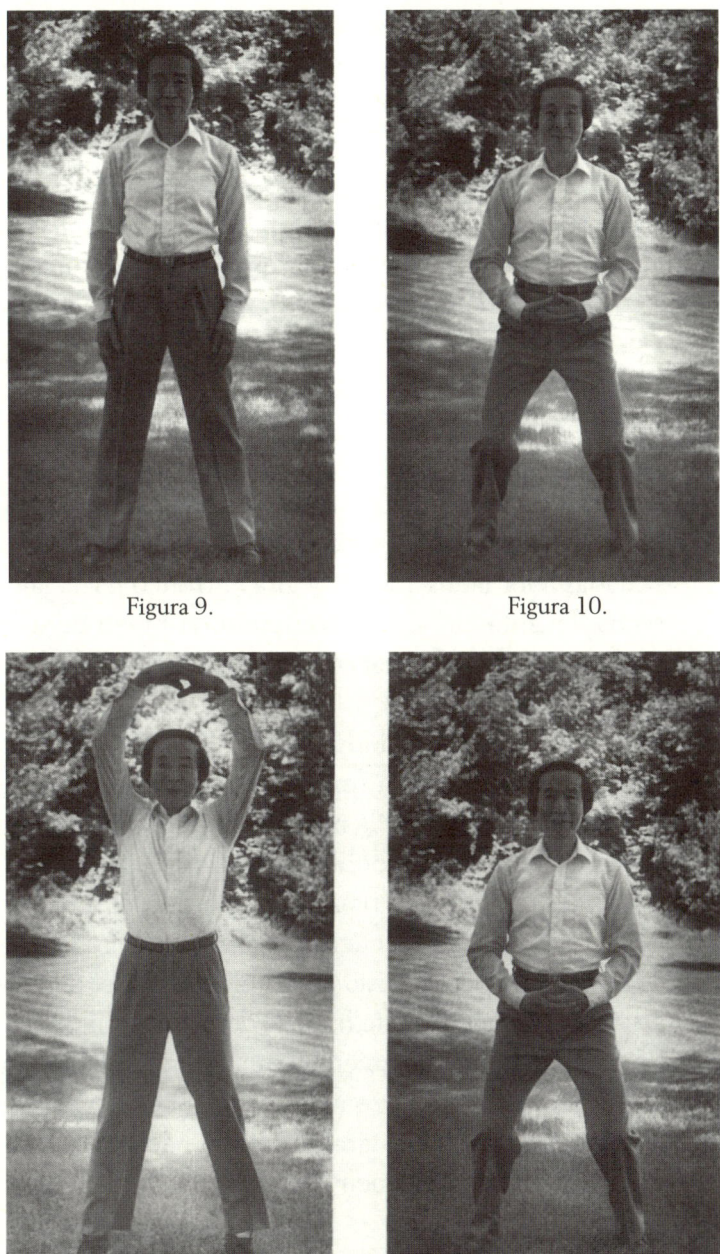

Figura 9.

Figura 10.

Figura 11.

Figura 12.

Inspira y espira por la nariz, con la punta de la lengua reposando en la parte delantera del paladar duro. Según la filosofía taoísta, así se conecta el cielo y la tierra. Al inspirar, imagina que tu respiración entra por el centro del espíritu —un punto detrás del entrecejo— y después dirige la respiración al centro de tu energía vital, nota cómo se fortalece esta zona. Así de profundo debes respirar cuando cantes o hables en una gran sala. La conversación no exige tanta firmeza en esta zona.

Desplegando mis alas

1. Colócate con los pies paralelos a una distancia un poco mayor que los hombros y con las manos cómodamente situadas a los lados. Inspira y gira el tronco hacia la derecha, levantando al mismo tiempo el brazo derecho, que traza un arco lateral con la palma de la mano hacia abajo (figura 13).
2. Mientras te inclinas gradualmente hacia la izquierda, levanta el brazo hasta formar un ángulo de 165° en relación al cuerpo, con la mano apuntando hacia arriba y el codo ligeramente doblado (figura 14).
3. Espirando, devuelve el brazo derecho a su posición original, mientras giras el cuerpo hacia la izquierda. Ahora levanta el brazo izquierdo como hiciste con el derecho, inspirando e inclinándote hacia la derecha (figura 15).
4. En cuanto tu mano izquierda apunte hacia arriba (figura 16), devuelve el brazo izquierdo a su posición original, mientras espiras y giras el tronco hacia la derecha, empezando así nuevamente el ciclo.

Repite cinco veces esta serie de ejercicios —hacia la derecha y hacia la izquierda—, mientras piensas: «Estoy desple-

Figura 13.   Figura 14.

Figura 15.   Figura 16.

gando mis alas como un hermoso pájaro». Disfruta la fluidez de tus movimientos, la fuerza de tus brazos y la apertura de tu cuerpo al estirarse. Mientras inspiras y levantas el brazo imagina que tu mano está sacando energía de la tierra, del cielo y del universo, llevándola hasta tu brazo, pulmón, riñón y pierna de la parte correspondiente de tu cuerpo, para luego devolverla de nuevo a la tierra. Mantén la mano en alto hasta completar este pensamiento. Tras practicar este ejercicio durante unos días, sentirás que la energía va a las zonas del cuerpo que has imaginado.

Figura 17.   Figura 18.

Volando simplemente

1. Dirige todo el peso de tu cuerpo hacia tu pierna izquierda, doblándola ligeramente, inspira y estira los brazos hacia los lados como si fueran alas. Estira la pierna derecha hacia adelante y espira (figura 17).
2. Vuelve a inspirar e inclina lentamente el tronco hacia adelante, estirando la pierna derecha hacia atrás en la posición del patinador (figura 18).
3. Manteniendo la respiración, incorpórate, espira y devuelve la pierna derecha hacia delante. Repite cinco veces este

Figura 19.   Figura 20.   Figura 21.

movimiento hacia adelante y hacia atrás siempre a un ritmo suficientemente lento para mantener el equilibrio.
4. Repite el ejercicio cinco veces más, esta vez sobre la pierna derecha y balanceando la pierna izquierda.

Al practicar este ejercicio piensa: «Estoy volando con alegría». Nota cómo este ejercicio estimula activamente el centro de tu energía vital, lo bien que centra y fortalece tu impulso vital. Este ejercicio también descansa la mente porque exige concentración. Si estás pensando en otras cosas mientras realizas este movimiento, no podrás mantener el equilibrio.

Batiendo mis alas

1. Colócate con los pies separados a la distancia aproximada de tus hombros, con la mano izquierda sobre la derecha y ambas palmas hacia arriba a la altura del ombligo. Agáchate todo lo que puedas sin que la posición se vuelva incómoda, como si fueras a sentarte en una silla (figura 19).
2. Inspira mientras realizas un movimiento con impulso hacia arriba sosteniéndote sobre la pierna izquierda. Levanta la pierna derecha lateralmente todo lo que puedas y a la vez que extiendes los brazos hacia afuera y hacia arriba como unas alas. En lo alto, las palmas de las manos se juntan bocabajo, la derecha sobre la izquierda (figura 20).
3. Espirando, baja las manos y las piernas hasta la posición inicial (figura 21). Repite cinco veces este movimiento, alternando la pierna sobre la que te sostienes.

Mientras practicas este ejercicio, imagina que eres un ángel o un enorme y hermoso pájaro batiendo sus alas. Deja que te inunde un entusiasmo natural para poder estar abierto, desinhibido y juguetón como un niño. Este ejercicio es bueno para activar la energía, en especial esa energía respiratoria que viene del centro de la energía vital.

Relajando la espalda

1. Colócate con los pies paralelos y separados a una distancia un poco superior a la de los hombros, con las manos en la cintura. Dobla las rodillas ligeramente hasta formar un ángulo de 145° (figura 22).

2. Manteniendo la caja torácica centrada y estable, gira las caderas formando círculos de izquierda a derecha (figuras 23, 24 y 25). Mantén el movimiento lento y continuo, inspirando con calma, mientras continúas girando las caderas. Siente el aire fluir hacia la parte inferior de la espalda al inspirar; sentirás que esa parte se expande un poco con el siguiente pensamiento feliz: «Estoy relajando la parte inferior de mi espalda».

3. Cada serie de rotaciones de cadera consiste en cinco círculos de izquierda a derecha y cinco de derecha a izquierda. Completa dos o tres series en cada práctica antes de pasar al siguiente ejercicio.

Practicar este ejercicio varias veces al día relajará la espalda y abrirá un flujo de energía en la columna vertebral. Para aumentar los beneficios, levanta los brazos lateralmente y tócate los hombros con la punta de los dedos. Dobla las rodillas y haz como en el ejercicio que acabo de describir. Con esto llegarás más allá en la relajación de la tensión de la espalda y de la cabeza. Además de ser un prerrequisito de buena salud, mantener un flujo de energía continuo y no forzado es vital para ayudar a la voz a producir sonidos ricos.

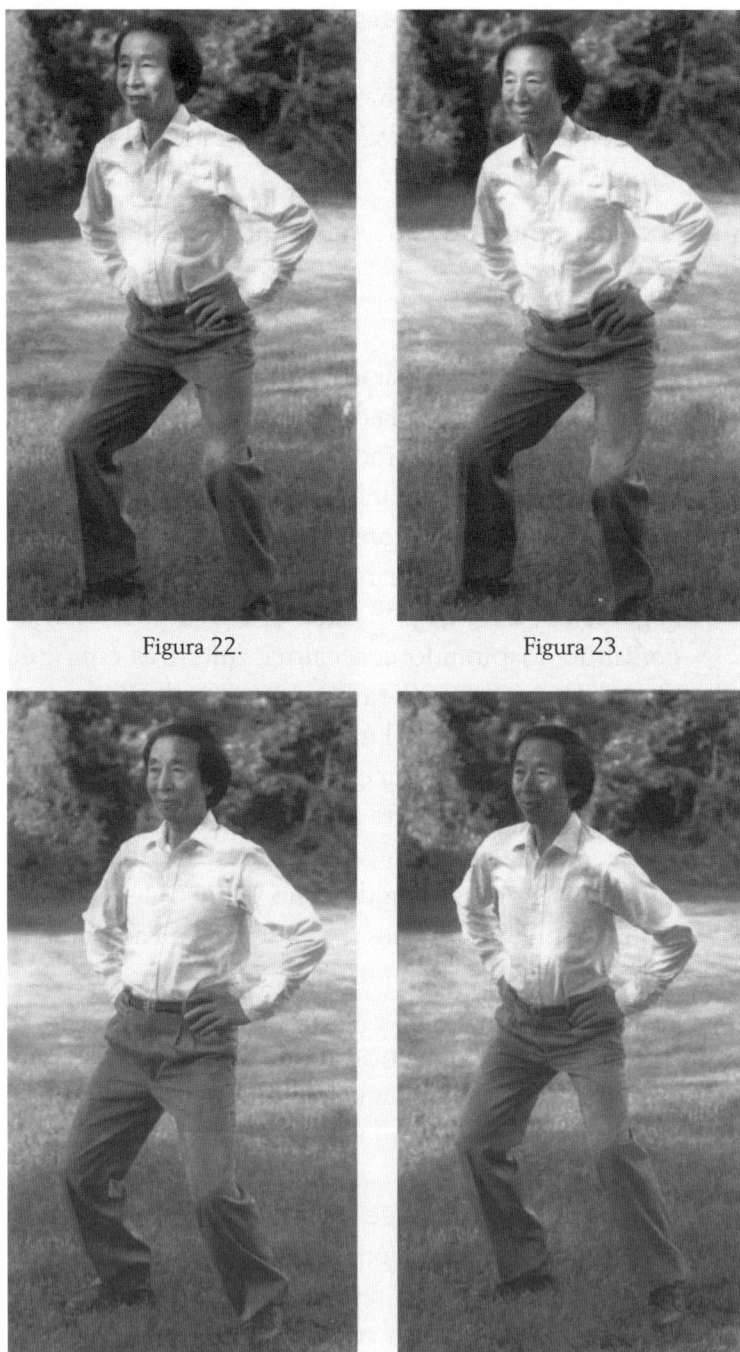

Figura 22.

Figura 23.

Figura 24.

Figura 25.

Girando alrededor del sol

1. Sitúate con los pies separados un poco más abiertos que los hombros, con las rodillas ligeramente dobladas y las manos descansando a los lados (figura 26). Imagina que estás de pie sobre un cálido y radiante sol. Eres más grande que la vida y mucho más grande

Figura 26.   Figura 27.   Figura 28.

que el sol, que en comparación tiene el tamaño de un balón de fútbol.

2. Inclina el tronco hacia adelante formando un ángulo de unos 90º, mirando hacia el suelo. En esta posición, haz como si sostuvieras un palo largo con las manos (figura 27).

3. Lleva este palo imaginario hasta tu lado derecho (figura 28). Inspirando, levántalo por encima de la cabeza

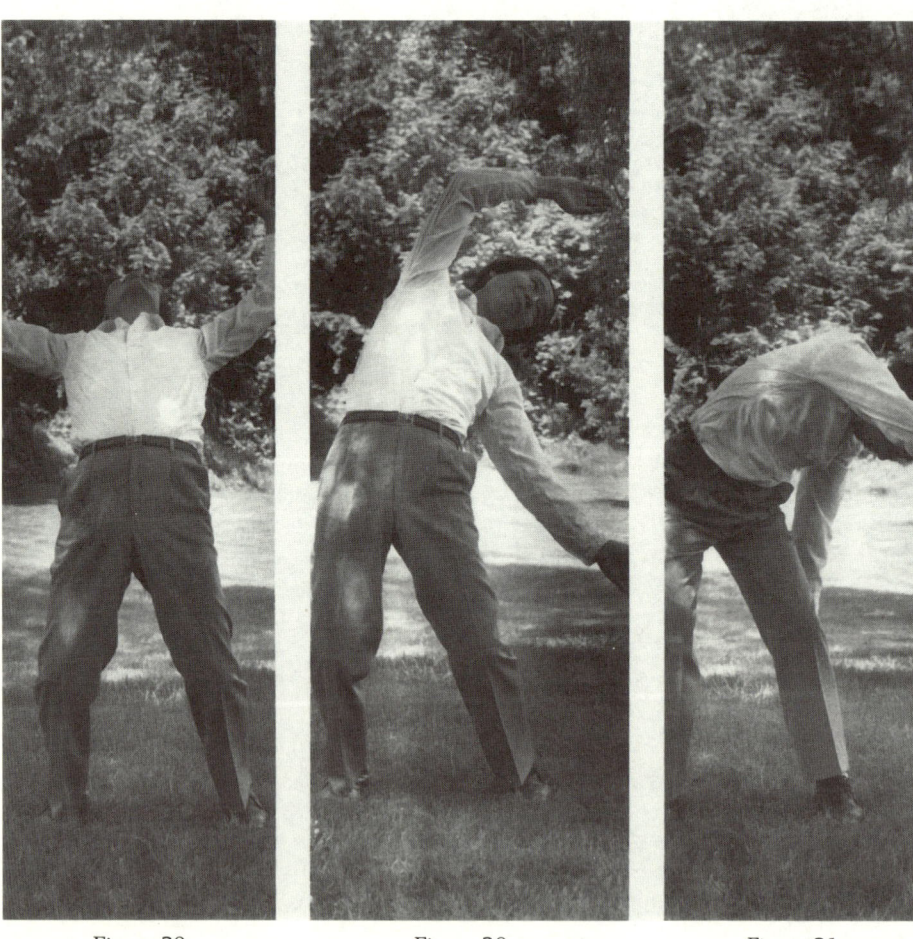

Figura 29.   Figura 30.   Figura 31.

mientras giras el tronco hacia atrás (figura 29). Espira y lleva el palo hacia la izquierda y después hacia el frente de nuevo (figuras 30 y 31). Mientras trazas este círculo con los brazos, haz un círculo horizontal con las caderas.

Haz este círculo cinco veces, de derecha a izquierda, y a continuación, otras cinco veces de izquierda a derecha. Mientras haces estos movimientos, imagina que estás girando alrededor del sol con un sentimiento de diversión. Imagina que tus caderas están girando alrededor del sol al trazar círculos con el palo. Este ejercicio ayuda a sentir la expansión de tu ser con energía y entusiasmo.

El gallo dorado sobre una pierna

1. Colócate en posición vertical con las dos piernas juntas. Mantén una sensación flexible y relajada, sin mirar las rodillas. Dirige tu mirada hacia adelante, pero sin fijarla en ninguna parte (figura 32).
2. Inspira suavemente, mientras levantas el muslo derecho hasta formar un ángulo recto con el torso y otro al doblar la rodilla. Al mismo tiempo, levanta el brazo formando otro ángulo recto con el codo y la punta del dedo corazón a la altura de las cejas (figura 33).
3. Espira y empieza un movimiento circular bajando la mano y la pierna (figura 34), hasta que el pie toque de nuevo el suelo.
4. En cuanto tu pie derecho esté en el suelo, empieza a inspirar y levanta el brazo y la pierna del lado izquierdo. Acaba el movimiento al devolver el brazo izquierdo al costado.

Figura 32.

Figura 33.

Figura 34.

Repite este ejercicio al menos cinco veces por cada lado. Puedes hacerlo más veces, mientras te sientas cómodo, sobre todo si lo estás haciendo de forma aislada. Recuerda realizar este ejercicio a una velocidad moderada, respirando correctamente. Este movimiento es una adaptación de uno de unos movimientos de taichí y es muy bueno para centrarse, ampliar la respiración y generar energía vital. También ayuda a disipar la tensión. Disfruta el sentimiento de fluidez que aporta.

La meditación en movimiento

Este ejercicio también es una versión modificada de una forma de taichí, desarrollada en China en el siglo XIX.

1. Permanece erguido y relajado, con los pies rectos y separados a la misma distancia que los hombros. Deja que tu torso descanse cómodamente sobre las caderas y las manos a los lados. Mira hacia el frente. Inspira y agacha el cuerpo doblando un poco las rodillas sin tensión, hasta formar un ángulo de 145° (figura 35).
2. Aún relajado, eleva los brazos ligeramente hacia adelante y dobla los codos hasta que las puntas de los dedos queden a la altura de los hombros. Al mismo tiempo, inspira y empieza a estirar las piernas (figura 36).
3. Cuando las manos estén arriba y las piernas casi rectas, espira a medida que empiezas a bajar de nuevo el cuerpo. Al mismo tiempo, estira los codos y baja las manos a los lados (figura 37). En este momento tus rodillas estarán dobladas formando otra vez el ángulo de 145°.
4. Repite el movimiento de las fases dos y tres.

Realiza este ejercicio diez veces, suave, lenta y cómodamente, con una sensación fluida de velocidad constante.

Dobla las rodillas solo hasta donde te resulte cómodo volver a estirarlas. Al hacer el movimiento de los brazos, empieza y acaba con ellos ligeramente doblados y siempre haciendo movimientos circulares. A medida que los brazos se elevan cada vez más, los codos se doblan de manera natural hasta formar ángulos rectos.

Recuerda inspirar al subir y espirar al bajar. Al inspirar, imagina la respiración bajando hasta el centro de tu energía vital. Mientras los brazos y el cuerpo empiezan a subir, sen-

Figura 35.   Figura 36.   Figura 37.

tirás que esta zona Tan T'ien cobra firmeza (no tensión), que es como debes estar cuando inspiras para cantar, sentado o de pie. Al espirar, puedes dejar que la energía respiratoria fluya con el movimiento o puedes imaginar que tus manos empujan suavemente el aire hacia abajo.

La meditación en movimiento es un ejercicio sencillo y eficaz que utiliza el movimiento circular continuo de las manos y de los brazos. Ayuda a respirar profundamente de forma relajada, genera un flujo espontáneo de energía, te centra y arraiga. También es beneficioso para las personas interesadas en la práctica de la meditación sin tener que sentarse. Si practicas este ejercicio a efectos puramente meditativos, no hay un límite de tiempo; pero asegúrate de que no te cansas. Permítete un corto descanso entre series de veinte o treinta movimientos.

4. Treinta ejercicios vocales esenciales

«Qué alegría supone aprender y practicar con constancia».

CONFUCIO

«El ejercicio es parte de un todo. El ejercicio practicado con pericia es la base de una bella y expresiva interpretación».

ANÓNIMO

La aplicación de los principios taoístas

En este capítulo presento una serie de treinta ejercicios vocales esenciales que utilizo con mis alumnos por ser fundamentales en la enseñanza del Tao de la voz. Estos ejercicios están concebidos y se practican conforme a los siguientes principios:

- Como el principio taoísta de la interrelación entre elementos opuestos es esencial en esta técnica, estos ejercicios recurren a opuestos: fuerte y suave, rápido y lento, alto y bajo, *staccato* y *legato*.
- Aplicando el principio taoísta de utilizar las cosas en su estado natural, utilizamos las inflexiones naturales de los patrones del habla, como fuerte y suave. Así, tanto en la música vocal como en el habla, no pronunciamos cada palabra o

cada sílaba con el mismo volumen: las palabras importantes y las sílabas acentuadas suenan más fuertes y/o altas.

- Como la libertad y la flexibilidad son estados naturales de ser, estos ejercicios activan el movimiento flexible del diafragma y de los músculos abdominales, a la vez que la libre circulación de la energía respiratoria para cantar. Esto se lleva a cabo mediante la práctica de tonos fuertes y suaves, cantados en una amplia gama de dinámicas.

- Se utilizan cuatro tipos esenciales de ejercicios para ampliar los registros vocales y las gamas de dinámica, alcanzando todo el potencial de la voz de un cantante. Los primeros tres son escalas, arpegios y tonos sostenidos; el cuarto constituye una combinación de los tres.

- La filosofía taoísta advierte que no se debe forzar, ya que esto produce tensión y rigidez. Estas actividades están concebidas para prevenir la rigidez estimulando y creando una sensación de flexibilidad en el cuerpo, la garganta y todo el ser mediante la interrelación de las fuerzas opuestas y el movimiento circular continuo.

- Practica los ejercicios con regularidad, pero sin exceso. Haz primero el que consideres necesario.

- En estos ejercicios hago hincapié en el importante concepto taoísta de mantener un nivel de energía que fluya sin esfuerzo y en relajación, que se debe aplicar al practicar y al interpretar. También es muy beneficioso en la vida cotidiana.

Instrucciones generales

Dar vida a los ejercicios

Un ejercicio vocal no consiste simplemente en una serie de notas, sino que se le da vida expresando emociones. Así pues, deja que fluya tu emoción, tu intuición y tu energía; permite que todo tu ser se expanda y dance. De este modo, transformarás cada uno de los ejercicios de este capítulo. Cuando hayas aprendido a hacer el ejercicio 1, haz todos los ejercicios siguientes con el primero en mente. El ejercicio 1 es la mejor ilustración de cómo aplicar el movimiento circular continuo en el canto. Una vez te hayas familiarizado con él, te será fácil aplicarlo a los demás con tan solo algunos ajustes. Al final del ejercicio 1 se incluyen instrucciones especiales para las personas que no pueden cantar una escala de cinco notas.

Por ejemplo, cuando apliques el movimiento circular continuo a varios ejercicios, presta atención al volumen y a la duración de las notas. En algunos ejercicios, una nota fuerte puede ir seguida de dos o más suaves. Como se describe en el capítulo 2, es importante recordar que cuando cantes una nota fuerte, tu mano se debe encontrar en la parte superior del círculo, bajando hacia ti o «recogiendo» el sonido a medida que cantas. Cuando tu mano se dirija hacia afuera y hacia arriba en el círculo, cantarás la nota o notas suaves que siguen a la nota fuerte.

En cuanto a la duración de las notas, normalmente una nota larga requiere un gran círculo. Sin embargo, cuando la nota larga es la última de la frase, o es una nota aislada, se finaliza «recogiendo» el sonido mientras la mano va de la parte superior del círculo hacia abajo y hacia ti. Imagina que estás dirigiendo la nota hacia tu centro de energía vital. En otras palabras, no realizas el movimiento circular completo, sino que se termina en esta primera mitad del círculo. Si la primera o la última nota es suave, «recoge» también el sonido de la misma manera.

Los términos «fuerte» y «suave» (con frecuencia abreviados como «L» o «S» [en inglés *loud* y *soft*]) tal como se utilizan en estos ejercicios vocales, indican simplemente que una nota es ligeramente más fuerte que la otra. Esta dinámica es relativa, por lo que no tienes que cantar estrictamente más fuerte o más suave. De hecho, será mejor para tu voz que al principio cantes todas las notas fuertes con un volumen moderado. Una vez hayas calentado la voz o se haya vuelto más firme, podrás cantar muy alto, siempre sin forzar. (Ver la tabla 1 del capítulo 5, con la lista de los términos italianos que se utilizan en música para indicar esta dinámica de niveles, si no estás familiarizado con ellos. Se utilizan en las partituras de este capítulo).

La fuerza con la que cantes las notas marcadas como suaves dependerá del grado de suavidad de la nota anterior. Al principio, cantas la nota suave casi tan suave como el final de la nota que la preceda. En algunos casos, una nota suave puede cantarse moderadamente fuerte si la nota anterior se cantó fuerte o muy fuerte.

Para cambiar suavemente de una nota fuerte a una suave, canta el final de la nota fuerte con un volumen decreciente. En estos ejercicios vocales hay algunas notas marcadas para ser cantadas más fuertes (<) o más suaves (>). Estos movimientos se conocen como *crescendos* y *decrescendos*. Practicarlos ayudará no solo a pasar de una nota a otra suavemente (con armonía en el sentido taoísta), sino también a cantar con expresividad y exactitud.

El movimiento circular continuo y la respiración, junto con las técnicas de apertura de garganta descritos en el capítulo 5, facilitarán el aprendizaje del canto gradualmente más fuerte o más suave; además de la práctica de todos los ejercicios con resultados excelentes. Por supuesto, tendrás que practicar con fe, disciplina, regularidad y entusiasmo.

Como aprender una técnica requiere una repetición mental y física, será conveniente que revises frecuentemente los otros capítulos de este libro relacionados con estos ejercicios.

Ejecuta los ejercicios cantados con o sin palabras. Puedes vocalizarlos con /a/ u /o/ al principio y después con otras vocales o con vocales precedidas de consonantes. Practícalos en varias claves.

Sé creativo. Tal vez encuentres estimulante crear sus propios ejercicios, o quizá compruebes que ciertas frases de una canción o aria te aportan una buena calidad vocal o te causan problemas que tendrás que resolver. Considéralo como parte de los ejercicios. Puede resultar divertido compartir tus variaciones y tus creaciones originales con otras personas.

Pronunciación de las vocales

Las vocales son las que llevan el sonido de la voz, así que necesitas cantar con buenos sonidos vocales. Vocaliza los siguientes sonidos, que son la base utilizada por cantantes y maestros en sus ejercicios.

/a/ como en «padre»
Esta vocal es la que te proporcionará mayor espacio en el fondo de la boca, ayudándote a desarrollar y sentir una garganta abierta, además de percibir la exactitud de una entonación. Se considera un sonido vocal «de batalla». Imagina que el sonido /a/ es redondo y radiante como un sol. (Asegúrate de que este sonido, al igual que con la /o/ que se trata a continuación, no se convierta en un sonido /u/).

/o/ como en «polo»
Esta vocal da un poco más de calidez al sonido y tiende a hacerlo redondo. Si a tu /o/ le falta redondez o calidez, intenta escucharla mentalmente.

/ou/ como «cou»
Este sonido debe cantarse como un diptongo[1], sin acentuar la /u/ final; deja que fluya desde el sonido /o/.

/u/ como «tú»

Comparada con otras vocales, esta presenta un sonido más profundo y concentrado. Ayuda a sentir la profundidad del sonido y a afinar tu entonación. Puedes utilizar esta vocal como preparación para /e/, /i/ y el diptongo /ei/.

/e/ como en «mente»

Podrás lograr un sonido más redondo cerrándolo un poco como en la pronunciación del sonido /eu/ francés.

/ei/ como en «ley»

También se trata de un diptongo. Este sonido finaliza con el sonido /i/ y, como en todos los diptongos, no se acentúa. Deja que fluya suavemente al final de la nota y a partir de una larga /e/.

/i/ como en «sí»

Es la vocal más brillante. Evita estirar mucho los labios, ya que esto tiende a producir un sonido débil o demasiado agudo. Podrás producir un sonido redondo vocalizando una /u/ delante, como en «muy». En otras palabras, canta /u-i/.

Pronunciación de las consonantes

Como las palabras consisten en vocales y consonantes, es importante que vocalices utilizando las dos juntas. Las consonantes básicas utilizadas en los ejercicios incluyen la /b/, /d/, /f/, /j/, /l/, /m/, /r/, /s/, /v/, además de la /y/, que es en parte consonante y en parte vocal.

/m/

Empezamos a usar el sonido /m/ cuando somos bebés, de hecho, nuestra primera palabra suele ser «mamá». Esta consonante puede añadir resonancia a las vocales. Sin embargo, si tu voz tiende a ser nasal, evita utilizar tanto la /m/ como la /n/.

/r/

Para vocalizar se utiliza la /r/ fuerte española o italiana, pues ayuda a desarrollar la flexibilidad de la lengua y a concentrarse en la energía respiratoria.

/f/ y /j/

Ambas consonantes, y en especial la /j/, activan el diafragma, los músculos abdominales y la energía respiratoria. Cuando pronuncies «fa» o «ja» (como si te estuvieras riendo), verás cómo se eleva tu estado de ánimo.

/y/

Una entonación apagada puede convertirse en una entonación brillante con la ayuda de la /y/. Si alguno de tus sonidos vocales suena apagado coloca una /y/ delante, como en «ya» y «yo».

Existen numerosas combinaciones que pueden hacerse con consonantes y vocales, tendrás que encontrar combinaciones que te ayuden a resolver problemas concretos. A menos que tengas una dificultad grave o muy especial, dispondrás de suficientes combinaciones para practicar.

Una forma sencilla de trabajar con las consonantes es intentar mantener la garganta abierta y flexible y los dientes separados, tanto si las consonantes te hacen cerrar los labios como si no. Intenta igualmente acabar cuanto antes con la consonante que estés cantando.

La elección de la mejor clave y tempo para practicar

La mayoría de los ejercicios proporcionados en este libro están escritos en clave de do mayor, aunque hay algunos escritos en dos claves. Si esta clave no se ajusta a tu escala vocal, transfórmala a otra que te resulte más apropiada. Para los ejercicios que utilizan dos claves diferentes, practica primero con una, hasta familiarizarte con ella, y después con la otra. También puedes trasponer medio tono hacia arriba o hacia abajo. Llega tan alto y tan bajo como quieras, siempre y cuando no fuerces la voz.

Respecto al tempo, estos ejercicios se deben practicar moderadamente *piano* al principio (excepto cuando se indica un tempo específico), después más rápidos y luego más lentos.

Ejercicios

Ejercicio 1

Este ejercicio es para cantar con el movimiento circular continuo, utilizando la mano para guiar y activar tu imaginación. Fue descrito previamente en el capítulo 2, como el ejercicio del movimiento circular vertical.

Alterna el uso de la mano derecha e izquierda para dirigir el movimiento circular. Más adelante no necesitarás las manos, porque ya podrás imaginar el movimiento o experimentarlo kinestésicamente. Es entonces cuando deberás alternar el movimiento kinestésico con el real. Tras practicar durante un periodo de tiempo, utilizarás cada vez menos el movimiento real, hasta que se vuelva parte de ti. Tu canto fluirá automáticamente con el movimiento circular continuo.

Al inspirar, céntrate en las indicaciones del capítulo 5, en la sección titulada «La buena entonación mediante la inspiración

1	2	3	2	3	2
Inhalar	fuerte	suave	fuerte	suave	gradualmente fuerte y suave.

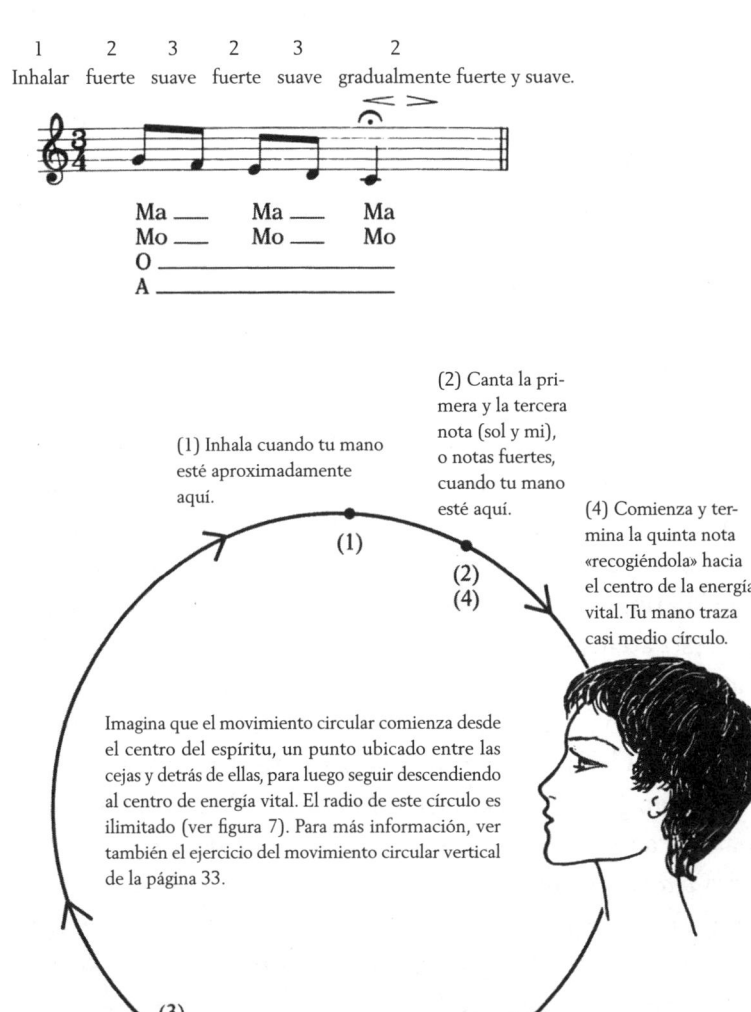

Ma —— Ma —— Ma
Mo —— Mo —— Mo
O ————————————
A ————————————

(1) Inhala cuando tu mano esté aproximadamente aquí.

(2) Canta la primera y la tercera nota (sol y mi), o notas fuertes, cuando tu mano esté aquí.

(4) Comienza y termina la quinta nota «recogiéndola» hacia el centro de la energía vital. Tu mano traza casi medio círculo.

(1)

(2)
(4)

Imagina que el movimiento circular comienza desde el centro del espíritu, un punto ubicado entre las cejas y detrás de ellas, para luego seguir descendiendo al centro de energía vital. El radio de este círculo es ilimitado (ver figura 7). Para más información, ver también el ejercicio del movimiento circular vertical de la página 33.

(3)

(3) Canta la segunda y la cuarta nota (fa y re), o notas suaves, cuando tu mano ascienda por aquí, alejándose del centro de energía vital.

adecuada». Al comenzar a cantar, imagina que estás «recogiendo» el sonido a través del centro del espíritu y abre un poco más la garganta y la boca, con una sensación de bienvenida. El sonido que estás cantando se «recoge» utilizando el movimiento circular continuo.

Cuando acabes de emitir la primera nota, deberías estar a mitad del círculo. La segunda nota se canta mientras la mano está en la segunda parte del movimiento circular y comienza cuando la mano empieza a subir. Empieza la tercera nota al principio de la vuelta siguiente, igual que cuando cantabas la primera nota, «recogiendo» el sonido. La cuarta nota se canta igual que la segunda. Al pasar a la quinta nota, empieza el tercer círculo «recogiendo» de nuevo la nota. Acaba mientras tu mano todavía esté trazando la primera mitad de este tercer círculo. En este punto, deberías sentir que el centro de tu energía vital y la parte inferior de tu espalda han cobrado firmeza, pero no rigidez.

Presta atención para no «golpear» en las notas altas. Para ello, empieza en *mezza forte* y «recógelas» de manera que el momento inicial de cada nota no sea fuerte. Esto evitará producir sonidos estridentes. Cuando cantes una nota fuerte, disminuye un poco el volumen para cambiar armoniosamente de una nota a otra. Cuando cantes notas suaves no cantes muy bajo, comienza con *mezzo piano*, casi tan suavemente como el final de la nota anterior. Como regla general, abre más la garganta y la boca para las notas fuertes y altas y un poco menos para las notas suaves.

En estos ejercicios, la línea recta detrás de una sílaba o vocal indica el tiempo que debes sostener ese sonido. Por ejemplo, en el siguiente ejercicio la sílaba /ma/ se sostiene en sol y fa, después se repite con las notas mi y re, y otra vez con la nota do. El sonido /o/ se sostiene en las cinco notas.

Si no puedes cantar la escala de cinco notas del ejercicio 1, de momento puedes practicarlo con una nota, siguiendo las instrucciones y sirviéndote solo del sonido /ma/ un par de días. Después, puedes ir utilizando otros sonidos vocales o incluso añadir otras consonantes. Utiliza /a/ o /ma/ para empezar el ejercicio. Practica dentro de una escala cómoda, pero sin empezar demasiado bajo, para pasar gradualmente a escalas más altas y sonidos más fuertes. También puedes cantar una melodía muy sencilla y familiar con la que te sientas cómodo, como *Navidad, dulce Navidad*, adaptando los movimientos y la respiración para que se adecúen a tu canción.

Cuando seas capaz, practica el ejercicio 1 durante veinte minutos y después camina un par de minutos. Repite el ejercicio mientras piensas cosas agradables y alegres como: «¡Qué maravilloso día!», «Hay un cielo espléndido», «Alguien me quiere», «Brilla el sol en mi corazón» o «Tengo amigos maravillosos».

Después de varias semanas de practicar el ejercicio de esta manera, intenta decir alto y al mismo ritmo: «Ahora la vida es maravillosa». Mantén un poco más de tiempo las palabras importantes y las sílabas acentuadas y dilas más alto, con entusiasmo. Sentirás que tu voz tiene mejor sonido, más fuerte y melodioso y que fluye mejor. Haz lo mismo con otras expresiones. Puedes inventártelas o recitar algún poema o discurso que te guste.

Practica con regularidad y progresarás muy deprisa.

Ejercicio 2A

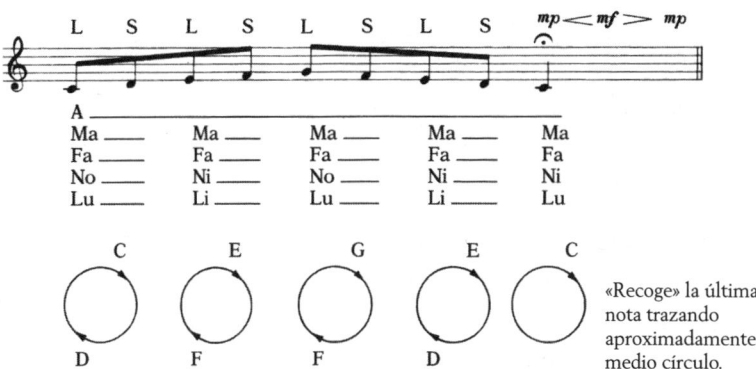

«Recoge» la última nota trazando aproximadamente medio círculo.

Ejercicio 2B

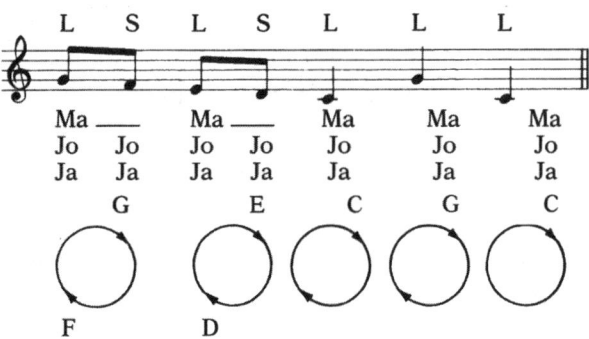

Canta /jo/ y /ja/ como si estuvieras agradablemente sorprendido.

Ejercicio 3

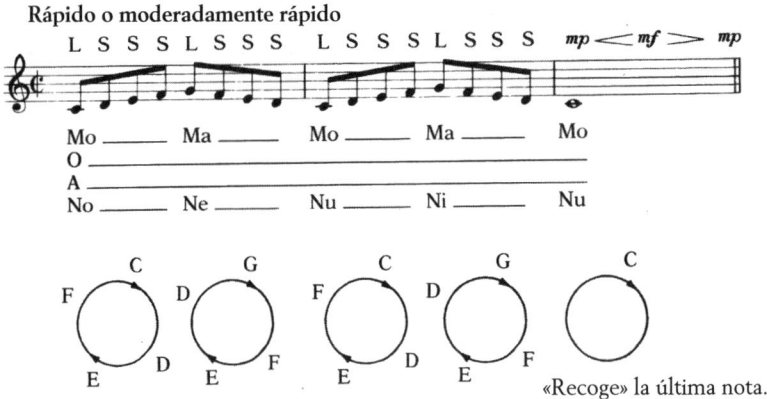

«Recoge» la última nota.

Intenta también utilizar /ja/ en cada nota como si te estuvieras riendo un poco. Comprueba que tu garganta no está tensa. No tienes que llegar más arriba de mi (el cuarto espacio), a menos que tu voz pueda hacerlo sin esfuerzo.

Ejercicio 4

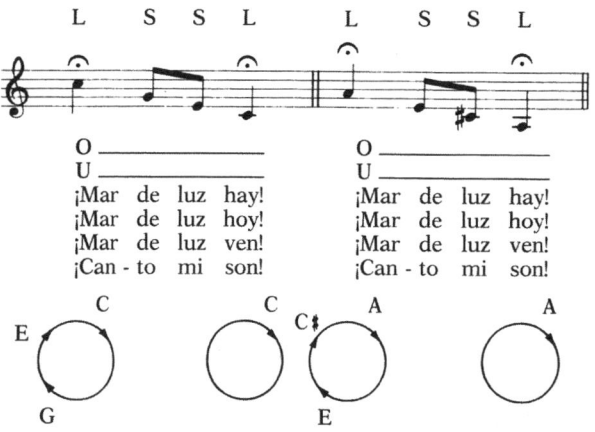

1. Canta «mar» como /ma/ sin el sonido /r/.
2. Cuando quieras incluir el sonido /r/, hazlo suavemente al final de la nota sin acentuarla.
3. Las sílabas átonas en las frases «mar de luz» y «canto mi» se cantan en el movimiento ascendente del círculo y ligeramente más suaves que las sílabas tónicas «mar» y «can».
4. Imagina que todos los sonidos vocales son redondos, incluidos los de «hay» y «hoy».
5. Los diptongos «hay» y «hoy» y el sonido /n/ de «ven» y «son» deben llegar suavemente hacia la terminación de las palabras.

Ejercicio 5

Completa un círculo en cada nota larga, excepto en la última nota (do). «Recoge» la última nota, haciendo medio círculo.

Utiliza los sonidos vocales /a/, /e/, /i/, /o/ y /u/. Puedes añadir consonantes como /d/, /m/, /n/, /s/ u otras precediendo los sonidos vocales y añade la /r/ al final de estos últimos. Utiliza también todos estos sonidos para los ejercicios 6, 7 y 8.

Ejercicio 6

Ejercicio 7

Ejercicio 8

Ejercicio 9

Canta /ja/ con un sentimiento de alegría. Los sonidos adicionales que se pueden utilizar son /jo/, /ju/ y /fa/. El sonido /j/ [suave] ayuda a activar el centro de energía vital y el diafragma y ayuda a activar la entonación. También ayuda la /f/.

Ejercicio 10*

Este ejercicio utiliza *stacatto* y el ejercicio 11 usa una combinación de *stacatto* con una nota sostenida y *legato*. Ambos son útiles para desarrollar la flexibilidad, la agilidad y liberar la voz.

---

* Cuando logres hacer A sin esfuerzo, pasa a B.

Canta estas notas con /a/ o también con /o/; después inténtalas con /ja/ o /jo/ mientras imaginas que te estás riendo ligeramente. Pon atención en no tensar la garganta, porque reír suele tensarla.

Ejercicio 11*

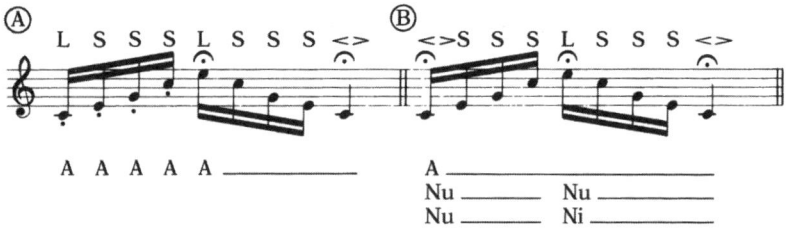

Ejercicio 12*

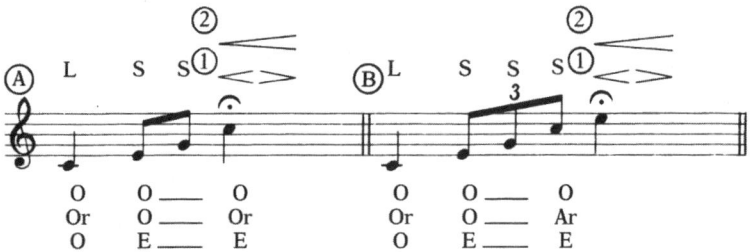

También puedes practicarlo con /yo/, /ar/ y /e/ o /fi/. Para /or/ y /ar/ utiliza la /r/ fuerte española. Esto facilitará que tu energía respiratoria fluya de manera continua y aumentará la flexibilidad de tu lengua. Haz los dos ejercicios durante un par de minutos.

---

* Cuando logres hacer A sin esfuerzo, pasa a B.

Ejercicio 13

Vocaliza la parte del ejercicio A utilizando cada una de las sílabas de la parte B. Mantén una sílaba cada dos notas. Este ejercicio ayuda a producir un sonido vivo y brillante en las notas bajas.

Ejercicio 14*

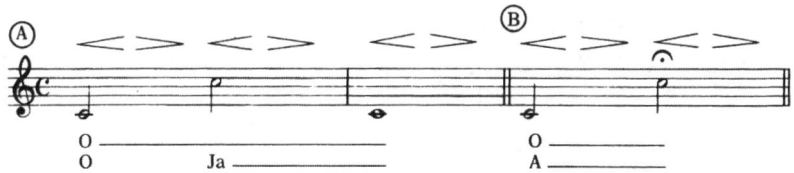

Este ejercicio ayuda a ampliar la profundidad del sonido en las notas altas y a enriquecer su resonancia.

Ejercicio 15

---

* Cuando logres hacer A sin esfuerzo, pasa a B.

Ejercicio 16

Cántalo con /o/, /a/, /u/, /fi/ o /fe/.

Ejercicio 17

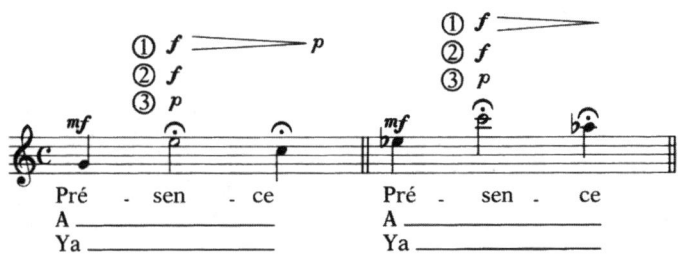

He comprobado que la palabra francesa *présence* (que significa 'presencia') me ayuda mucho a alcanzar mi do más alto. El sonido nasal /sen/ desaparece cuando se canta con una nota alta y en su lugar adquiere una cualidad metálica. Es posible que las consonantes /p/ y /r/ fuerte ayuden a activar la energía respiratoria y el intervalo de las seis dote a las notas altas de una calidad de sonido más metálico gracias a la mayor resonancia que adquieren las notas medio-altas. Si no te resulta cómodo el sonido vocal francés en /pré/, utiliza el español /pre/ como en «presencia». Canta la nota baja *mezzo forte* y el final de esta nota ligeramente más suave, pero sin dejar que se agote tu energía. Después empieza la nota alta sin pausa. No tienes que alcanzar el do alto, ni detenerte aquí. Llega lo más alto que puedas, sin forzar la voz.

Ejercicio 18

Este es otro intervalo que puedes utilizar para alcanzar tus notas más altas, así como el del ejercicio 19. Algunos cantantes sienten que las vocales /o/ e /i/ les ayudan a alcanzar sus notas más altas con mayor facilidad. Otros sienten que les es más fácil con /a/, especialmente en las notas superiores a sol.

Ejercicio 19

Usa las mismas vocales que en el ejercicio 18.

Ejercicio 20

Vocaliza este ejercicio con /fa/ y /fe/. Después usa /m/ y /d/ como consonantes y vocaliza con /ma/, /me/, /da/ y /de/.

Ejercicio 21

En los ejercicios 21 a 23 vocaliza primero con /o/. Después utiliza /a/, /u/, /i/ y /e/. /O/ es un sonido más melodioso que /a/, mientras que /u/ ayuda a centrar tu sonido. Por otro lado, /i/ y /e/ son sonidos más claros. Utiliza la pauta de una nota más fuerte seguida por dos notas más suaves (ejercicio 22), según se muestra.

Ejercicio 22

Este ejercicio y los dos siguientes son muy útiles para desarrollar la fluidez, la flexibilidad y la potencia de la voz.

Ejercicio 23

Ejercicio 24

Este segmento está tomado del aria tenor «Todos los valles», del *Mesías* de Hendel. La clave original es mi. Utiliza la frase «será exaltado» uniendo las sílabas («exal»).

Ejercicio 25

Ejercicio 26

Ejercicio 27

Este ejercicio te entrenará para cantar /y/ y /k/ con flexibilidad. No es necesario llegar más alto que el cuarto espacio (mi). Mantén el tempo con brío.

Ejercicio 28

Practícalo con /a/ o /ja/.

Ejercicio 29

Este ejercicio ayuda a cantar escalas cromáticas.

Ejercicio 30

Este ejercicio ayuda a cantar algunos intervalos que se usan con frecuencia.

Una canción sin palabras

La primavera fluye en mí

Escribí esta canción para expresar mis sentimientos de empatía con la primavera, utilizando música en vez de palabras. Cuando la canto, uso mi voz como instrumento. Escrita mayormente en escala pentatónica, esta canción es especialmente buena para cantar *legato*.

Canta esta pieza con /a/ u /o/ moderadamente lento, con un sentimiento cálido y fluido.

Al principio, las notas acentuadas dentro del compás deben cantarse ligeramente más altas que las restantes. En general, en un grupo de dos, tres o cuatro notas, la primera nota del grupo se canta ligeramente más alta. Ejemplo:

La primavera fluye en mí

Música por Stephen Chun-Tao Cheng

Andante, con un sentimiento cálido y brillante

(Cantar en La agudo *pp* o *f*) *a tempo* (Cantar el *Fa p* o *mf*)

poco rit

Puede cantarse Do agudo en lugar de Do, como se indica
en el último compás de cualquiera de los dos finales.

*Compás 55: Línea
melódica alternativa

Todas las apoyaturas de esta canción
pueden cantarse más suaves que las
notas principales.

La primavera fluye en mí la estrenó mundialmente el flautista Carol Wincene en la Ceremonia de la Campaña de la Paz y el Concierto por la Paz, celebrado en las Naciones Unidas el Día de la Tierra, 2 de marzo de 1991.

Notas

1 Un diptongo es un sonido vocal doble que se pronuncia como una sílaba simple. Para crear un diptongo, se empieza articulando una vocal y el sonido se desliza hacia la siguiente. Por ejemplo, el diptongo «caer» comienza con el sonido vocal /a/ y se desliza hacia el sonido /e/ antes de que suene al final la consonante.

5. Técnicas para principiantes

«El Tao es como un río que fluye».

LAO TSE

A UNQUE ESTE CAPÍTULO se dedica principalmente a técnicas básicas para cantantes principiantes, también resultará útil a quienes busquen mejorar la voz para hablar. Como la voz hablada normalmente no necesita ir más allá del registro de pecho, y generalmente varía entre las escalas baja y media-baja, quienes deseen desarrollar su voz hablada pueden practicar los ejercicios de apertura de garganta y otros que no hagan hincapié en el desarrollo de notas altas o que no impliquen mucha música.

No obstante, sería beneficioso ampliar la escala vocal un poco más, del registro de pecho hasta el registro de garganta. El famoso actor británico sir John Gielgud poseía una rica gama de escalas vocales y frecuentemente marcaba sus guiones con muchos términos utilizados para anotar los ritmos y tempos en las partituras. Estas anotaciones le recordaban, por ejemplo, a decir ciertas líneas más alto o más bajo, más rápido o más lento, gradualmente o de repente. Cuando aprendas a utilizar tu voz de esta manera y dejarla fluir en toda la extensión de tu escala vocal, tu voz será más interesante y eficaz.

La importancia de la postura correcta

Antes de hacer ningún ejercicio, es importante tener una postura correcta. Según la práctica taoísta, la buena postura no solo es esencial para la apariencia, sino que también es necesaria para que la respiración y la energía vital fluyan libremente, lo cual es absolutamente necesario para cantar. He aquí algunas indicaciones:

- Mantente derecho. Mantén una línea recta o casi recta desde la coronilla hasta el vientre, pasando por el pecho.
- Relaja los hombros y déjalos caer.
- Siente el torso reposando cómodamente sobre las caderas.
- Mantén el pecho en su posición erguida natural. No hundas ni eches los hombros hacia atrás. Deberías tener una sensación de bienestar, facilidad y apertura.
- Mientras inspiras, el centro de tu energía vital solo debería expandirse ligeramente. También sentirás una expansión en las caderas y en la parte inferior de la espalda. Intenta mantener siempre una sensación de flexibilidad.
- Mantén flexibles las rodillas, no las bloquees.
- Para lograr una postura flexible, alterna el peso del cuerpo de un pie a otro. Uno de ellos debe estar ligeramente adelantado, manteniendo un pequeño espacio entre sí. No te dejes caer sobre los talones.
- Mira hacia adelante con la mirada difusa, sin fijarla en ninguna parte.
- Deja que tus brazos cuelguen sueltos a los lados, con las manos, muñecas y dedos relajados.
- Evita levantar, dejar caer la cabeza o girarla hacia los lados. Si necesitas girar la cabeza, gira todo el cuerpo con ella.
- Si utilizas las manos al cantar o vocalizar, mantenlas a la altura del pecho, igual que cuando hablas.

- Cuando cantes un aria de un concierto clásico, los movimientos de tus manos y de tu cuerpo deben ser menos animados que cuando cantes pop, música de cabaret u ópera.
- Si sientes que tu espalda se está tensando o poniendo rígida, haz una o varias inclinaciones ligeras hacia adelante y respira con calma.
- Si cantas sentado, inclínate un poco hacia adelante dejando caer los hombros. Mantén la espalda recta y sin rigidez. Coloca ambos pies cómodamente en el suelo y no cruces las piernas.
- Cuando estés representando un personaje en una obra, habrá ciertas variaciones en tu postura, por ejemplo, si tienes que tumbarte. Sé consciente de tu cuerpo en todo momento: no te tenses ni te pongas rígido, en especial en las zonas del cuello y la espalda.

Ejercicios para abrir la garganta

Es imprescindible una garganta abierta y flexible para producir tonos buenos y sonoros. Una garganta abierta constituye un paso fácil por el que puede circular fácilmente el aire y un espacio donde el sonido resuene bien. También facilita la ampliación de la escala, de los ritmos vocales y permite respirar más profundamente en menos tiempo y emplear menos aire al cantar.

La zona posterior abierta de la boca es donde se produce la resonancia de la voz[1]. Consiste en la faringe nasal, la faringe oral y la faringe laríngea, las tres son resonadores regulables que juntas forman un espacio donde el aire puede vibrar y oscilar.

Una garganta abierta crea un mayor espacio físico para el sonido. Cuando se levanta el paladar blando —la parte posterior del cielo de la boca— y se eleva la campanilla, la garganta queda más abierta. La campanilla es el apéndice carnoso que cuelga del paladar blando. Los chinos antiguos la llamaban *tiaochung* o la 'campana colgante', probablemente porque descubrieron que cuando esta se levantaba, la voz resonaba más. Cuando tu garganta esté abierta de manera adecuada, experimentarás una sensación de flexibilidad y apertura, especialmente en la parte posterior de la boca. También notarás relajadas y flexibles la mandíbula, la lengua y los labios.

Para practicar la apertura de este paso es útil imaginar que tu garganta es un universo personal muy amplio. Imagina que la parte superior de tu universo se abre para recibir las maravillosas vibraciones del universo infinito que te rodea. Te sentirás más lleno de energía y mucho más grande que la vida. Sentirás que tu voz fluye con fuerza y energía a medida que las vibraciones del universo que te rodea se mezclan con las de tu propio ser.

Los cinco ejercicios siguientes servirán para abrir la garganta.

A punto de bostezar

Déjate sentir como si estuvieras a punto de bostezar, mientras emites el sonido de la vocal redonda /a/. Al hacerlo, comprobarás que tu garganta se abre automáticamente mucho más de lo habitual, en especial en la parte posterior de la boca, y tu mandíbula se abrirá automáticamente. Deja que caiga lo suficiente para que al poner el índice en la articulación de la mandíbula —cerca del oído— notes una pequeña muesca. Si no la encuentras, es que no has abierto suficientemente la mandíbula y la garganta.

La apertura de la garganta en la parte posterior de la boca y la caída de la mandíbula serán resultado de la sensación de estar a punto de bostezar. Estate atento para no forzar la mandíbula hacia abajo y recuerda que en realidad no estás bostezando, ya que bostezar tensa la garganta. La sensación «a punto de bostezar» es muy diferente. Este es el mejor ejercicio que conozco para abrir la garganta con rapidez, además de ser muy útil para cantar una nota alta. Abre la garganta posterior un poco más, sirviéndote de esta sensación a punto de bostezar. ¡Te sorprenderá lo fácil que puedes cantar una nota alta!

El sonido de sirena

Empieza imaginando que vas a «recoger» tu sonido en la zona de detrás del entrecejo, el centro del espíritu. Imagina que este sonido desciende a través de tu garganta, hacia tu centro de energía vital, debajo del ombligo. Mientras, inicia un sonido descendente y suave de sirena, comenzando tan alto como puedas cómodamente con el sonido vocal /a/. Debes utilizar la sensación «a punto de bostezar» al iniciar este sonido, pero trata de oírlo claramente en tu mente antes de empezar a cantar. A medida que tu sonido de sirena baja del registro de cabeza al de pecho, céntrate en estirar cada vez más la parte superior de la garganta. Los hombres pueden empezar este sonido en un *falsetto* que sonará como una voz de mujer y te ayudará a abrir la garganta. Da la bienvenida al sonido de sirena con todo tu ser. Si sientes un tirón en la garganta, ábrela un poco menos. Tampoco deberías forzar la garganta dejando que el sonido baje o suba demasiado.

Un sonido redondo de /a/ ayuda más que ningún otro sonido vocal a crear un amplio espacio abierto en la parte de atrás de la boca. Al practicar este ejercicio, los principiantes tienden a cambiar /a/ por /u/ al descender al registro más bajo. Pon atención en mantener todo el tiempo un sonido redondo de /a/ y no dejes que la garganta se cierre. A medida que desciendes a tu registro más bajo, notarás que a veces el sonido se entrecorta. Para centrar la voz, mantén el labio inferior cubriendo apenas los dientes, sin abrir demasiado la boca.

A veces, cuando cantamos una canción que requiere cambiar la voz de un registro de garganta al de pecho, o viceversa, se produce un quiebro en la voz y aparece un cambio abrupto en su calidad. El sonido de sirena es el mejor método que conozco para ayudar a evitar este quiebro e incluso el cambio de calidad. Continúa ejercitándote en «recoger» el sonido con más suavidad a medida que se acerca al punto de quiebro. Al mismo tiempo, no dejes que tu energía se agote. El ejercicio del sonido de sirena facilita la unión armoniosa de sonidos, para que no tengas que concentrarte en cada nota particular. De este modo, podrás pasar por encima del quiebro de la voz sin tropezarte con él y evitarlo de forma rápida y fácil.

En cualquier momento, pero especialmente cuando estés empezando a aprender este ejercicio, sentirás que no obtienes un buen sonido armonioso al «recogerlo» cuando quieres pasar de sus registros altos a los bajos. En este caso, deberías utilizar el ejercicio del movimiento circular vertical (ver el capítulo 2), sirviéndote alternativamente de la mano derecha e izquierda para dirigir el sonido. Asegúrate de que finalizas el sonido de sirena antes de haber terminado el movimiento de mano hacia el centro de la energía vital. Es importante continuar «recogiendo» el sonido incluso después de haberlo terminado. Esto ayudará a que los músculos abdominales se mantengan firmes y que no disminuya la energía respiratoria (*qi*). El sonido siempre debe terminar con una energía respiratoria firme.

Una extensión del ejercicio del sonido de sirena es invertir la dirección y pasar de un registro bajo al alto, conectando eventualmente las dos direcciones en círculos continuos. Esta variante es especialmente buena para ayudarte a cantar o hablar con notas altas con una voz resonante, libre y rica.

Agradablemente sorprendido

Imagina que estás agradablemente sorprendido, como si te hubieses reencontrado con un viejo amigo. Este sentimiento de sorpresa se puede expresar de distintas maneras, como quedarse con la boca completamente abierta. Reproduce ese momento y exclama suavemente /a/ con una voz de *falsetto* alta o medio-alta. Esto producirá una garganta abierta en muy poco tiempo. Para percibir esta apertura de la parte superior de la garganta, mantén el /a/ un par de segundos.

La inspiración imaginada

Para mantener la garganta abierta mientras cantas, imagina que, mientras emites el sonido, inspiras aire a través del centro del espíritu en dirección al centro de la energía vital. Aunque en realidad no estás inspirando, usar la imaginación de esta manera es una técnica psicofísica basada en los enfoques espirituales taoístas que ayuda a conseguir resultados notables en la formación de la voz. En este caso, imaginando que tomas aire a través de la zona de detrás del entrecejo, en vez de la boca o la nariz, abrirás un espacio más amplio en la parte posterior de la boca que ayudará a evitar que se cierre, lo que proporcionará más resonancia. Este es otro caso en el que se puede aplicar el ejercicio del movimiento circular vertical descrito en el capítulo 2.

Gárgaras imaginarias

Otra manera de obtener una garganta abierta es imaginar que haces gárgaras con el sonido /a/. Centra tu atención en la parte superior de la garganta, justo detrás del paladar. Inténtalo primero con media cucharilla de agua, echando la cabeza hacia atrás de manera que el agua quede en la parte posterior de la boca. Mientras haces las gárgaras, siente cómo se estira y se abre la parte superior de la garganta. Traga el agua, para pasar después a hacer las gárgaras de manera imaginaria, ya con la cabeza en posición normal, recreando esta sensación de apertura de garganta. Cuando cantes, estira la parte superior de la garganta, variando el movimiento según las necesidades.

Después de experimentar con los cinco ejercicios, practica con los que te encajen mejor. Esto te ayudará a darte cuenta de cómo lograr una buena garganta abierta. Poco a poco crearás la costumbre de abrir la garganta al cantar o al hablar, sin necesidad de recurrir a los ejercicios. La práctica diaria, aunque solo sean diez minutos, te ayudará a desarrollar buenos hábitos para mantener una garganta abierta y flexible, produciendo una voz resonante con escalas amplias y una dinámica variada.

La apertura adecuada de la boca

Aunque es importante mantener una garganta abierta al cantar, también tendrás que guardar el espacio adecuado en la apertura de la boca. Para ello, junta los dedos índice y corazón y ponlos entre los dientes, como se muestra en la figura 38. Vocaliza con /u/, /o/ y /a/, usando el ejercicio del movimiento circular vertical del capítulo 2. Al cabo de un par de minutos, saca los dedos y vocaliza sin ellos.

Vocaliza con los dedos dentro y fuera varias veces. Al principio quizá sientas que te duele un poco la mandíbula o que estás incómodo. No te preocupes, esta sensación desaparecerá rápidamente cuando te acostumbres a mantener la apertura correcta de la boca para formar una buena voz.

Figura 38.

En principio, las notas altas y fuertes requieren un espacio más amplio, mientras que las notas suaves y bajas y las de escalas medias necesitan un espacio menor. Mediante la práctica y utilización constante de tu voz, aprenderás a ajustar el espacio según las necesidades. La apertura de la boca variará también en función de los diversos sonidos vocales y consonantes. Por ejemplo, verás que el espacio para la vocal /a/ no es el mismo que para las vocales /u/ o /i/. El espacio para la consonante /s/ no es el mismo que el de la consonante /v/. Además, como es difícil mantener la boca y la garganta abiertas mientras se detiene en una consonante, es importante acabar de pronunciar las consonantes tan rápidamente como puedas.

Al hacer este ejercicio, ajusta la posición de la mano, la muñeca y los dedos, lo más cómodamente posible. No tenses la boca o los labios ni utilices los músculos del cuello para bajar la barbilla o el labio inferior. Deja que este cubra apenas los dientes de abajo manteniéndolo relajado, esto evitará tensar la garganta. En todos estos ejercicios recuerda alternar ambas manos.

La buena entonación mediante la inspiración apropiada

Algunos cantantes inspiran por la nariz y solo abren la boca cuando empiezan a cantar. Aunque es cierto que el aire que entra por la nariz es más limpio, resulta más rápido, fácil y eficaz inspirar por la nariz con la garganta y la boca abierta. Esto no supone ningún problema para la salud, inspiramos por la boca al hablar cada día de nuestra vida. De hecho, mucha gente respira por la boca cuando duerme.

Cuando cantas, exiges mucho más a tu voz al sostener notas largas o producir una escala vocal más amplia, una resonancia más rica y una gran variación de tonos. También es mucho más importante la medición del tiempo. Cantarás mejor y respirarás más deprisa si inspiras a través de las tres aperturas —boca, nariz y garganta abiertas—. Si lo haces con un sonido imaginario y redondo /a/, la parte posterior de la garganta se abrirá para formar el espacio más amplio posible, ayudándote a producir un sonido libre y con resonancia. Con la garganta abierta, serás capaz de cantar cualquier vocal.

Recuerda imaginar que el aire sigue una dirección de movimiento circular, como cada vez que se habla de respiración en este libro. Cuando empieces a cantar de verdad, imagina que el sonido está siguiendo la misma dirección. Tras practicar un par de veces, tendrás la sensación de que el sonido fluye a partir de tu respiración y esta a partir de aquel. Sentirás que hay una pequeña transición de la respiración al sonido y viceversa. Respirarás con mayor profundidad y más deprisa, necesitarás menos aire para cantar. En vez de producir sonidos ásperos, sentirás que tu voz es libre y fluye con resonancia. Esto te preparará para dar un discurso o recitar un guion en una gran sala sin necesidad de micrófono.

Así pues, da la bienvenida al sonido abriendo tu corazón e inspirando a través del centro del espíritu, la nariz, la boca y la garganta abierta.

La doble inspiración para las notas y frases largas

En ocasiones, necesitarás un poco más de aliento para mantener una nota o frase larga, por lo que tendrás que recurrir a lo que yo llamo una doble inspiración. Esto quiere decir que en cuanto hayas tomado el aire dirigido al centro de la energía vital, deberás hacer una rápida inspiración adicional y dirigirla inmediatamente a la parte posterior de la cintura. Sentirás que esta zona está ligeramente firme y que la parte inferior de la espalda está ligeramente expandida. Al mismo tiempo, verás cómo el centro de tu bajo abdomen habrá cobrado firmeza. Ten cuidado de no tomar demasiado aire, solo el que necesites, siempre sin tensar el cuerpo. Deberías seguir sintiendo flexibilidad en la garganta y en todo el cuerpo. Esta técnica te permitirá mantener el canto con facilidad.

Indicaciones y ejercicios para ampliar tu escala vocal

Cuando hablamos de escala vocal, queremos decir la escala de notas que la voz del cantante puede abarcar, desde las más bajas hasta las más altas. Indudablemente, es importante desarrollar una buena escala media antes de dedicar tiempo y energía a intentar alcanzar notas bajas y altas. Sin embargo, esto no significa que no debas intentar cantar notas altas y bajas mientras desarrolles una escala media libre y flexible, siempre que no sufra tu garganta. Utiliza los ejercicios siguientes, pero no les dediques demasiado tiempo antes de afianzar tu escala media.

Notas altas

Cultiva el hábito de no tomar demasiado aire antes de cantar notas altas. No necesitas mucha más inspiración al cantar notas altas que al cantar notas de escala media. Toma todo el aire que puedas, sin tensar el cuerpo. Sentirás que el centro de tu energía vital se vuelve ligeramente más firme.

Muchas personas tienden a tomar mucho aire para conseguir notas altas, pero no deberían hacerlo. En primer lugar, no es necesario, porque para producir notas altas se usa solo el extremo anterior de las cuerdas vocales. Esta zona es pequeña y ligera, así que no necesitas mucho aire para moverlas y producir un tono. En segundo lugar, forzar la espiración produce tensión en la garganta, sobrecargando las delicadas cuerdas vocales. En vez de eso, imagina simplemente que mantienes el flujo de su *qi* (energía respiratoria).

Antes de trabajar las notas altas, revisa durante unos minutos los ejercicios descritos anteriormente para producir buenas entonaciones, mediante la inspiración y apertura de la garganta apropiadas. Los mejores ejercicios de apertura que puedes emplear aquí son el sonido de sirena y a punto de bostezar. Practica el sonido de sirena un par de minutos y canta tan alto como puedas sin forzar la garganta, que tendrás que abrir más en las notas altas y menos en las notas medias y bajas. Intenta tener en mente la imagen del sonido siguiendo la dirección del movimiento circular continuo. Si lo necesitas, utiliza los movimientos de la mano para dirigir el sonido. Cuando crees el sonido de sirena, sentirás que estás dándole la bienvenida con entusiasmo y energía. La intensidad tenderá a ser un poco menor a medida que pases a su escala más baja, pero no permitas que se extinga.

Cantar notas altas es similar en muchos aspectos a cantar notas de escala media. Por ejemplo, antes de cantar una nota alta, trata de oír la entonación que te gustaría producir. Imagina que estás «recogiendo» el sonido en vez de forzar la nota hacia afuera. La creencia popular de que se puede cantar una nota alta «golpeándola» no funciona: solamente el hecho de pensar en hacerlo provoca que queramos expulsar demasiado aire, lo que tensa la garganta.

Canta el principio de tus notas altas con confianza, entusiasmo y precisión, sin miedo ni vacilación. Abre la boca y la garganta hasta tus posiciones más cómodas y deja caer la mandíbula, pero no excesivamente para no producir tensión. Haz que las consonantes salgan lo más rápidamente posible.

Cuando cantes notas altas, canta la nota precedente ligeramente más suave, así te resultará más fácil. Cuando cantes una nota alta larga, evita bloquear la mandíbula, deberás tener una sensación de flexibilidad.

Para empezar a practicar las notas altas, un buen sonido es la vocal redonda /a/ o la vocal francesa /en/. También puedes intentar añadir consonantes delante. Otras posibilidades son /au/, /o/, /u/, /er/, /ma/, /ja/, /yo/, /sa/, /fa/, /fo/, /su/, /sen/, /seu/ y /mei/.

Al inspirar o cantar, imagina que todas las vocales que cantas son redondas y que la parte superior de tu garganta se arquea en forma de /u/ invertida. Notarás una sensación de apertura en la garganta.

Recuerda que el ritmo es el pulso de la música, su fuerza vital, utilízalo para cantar las notas altas. Al prestar atención al ritmo en tu canto, evitarás el titubeo o que se agote tu energía. Puedes imaginar el vuelo de una cometa descrito al principio del capítulo 2. Los compases más rápidos serán como las ráfagas de viento soplando sobre la cometa, mientras que los más lentos representarían los momentos en que afloja el viento. Utilizar el ritmo hará variar el sonido que produces, al igual que la persona que hace volar la cometa varía la fuerza o suavidad con que tira de la cuerda, dependiendo del viento y de los efectos deseados. El ritmo te puede llevar a utilizar de manera natural la interrelación de las fuerzas opuestas (en este caso, la dinámica de volumen y tiempos) y las pulsaciones de la música te pueden ayudar a desbloquear tus inhibiciones.

Practica tus notas altas utilizando el movimiento circular vertical descrito en el capítulo 2. Sirviéndote de toda tu voz en los compases fuertes del ritmo, «recoge» la nota en el movimiento descendente del círculo. Utilizando tu voz más suave, deja que el compás débil lleve la nota hasta el movimiento superior del círculo. También puedes practicar haciendo una vuelta de círculo en las notas individuales, cantando cada una de ellas con un *crescendo* o con un *decrescendo*. Utiliza primero un tempo moderado, ya que uno lento puede hacerte perder impulso. Establece un ritmo estable antes de cantar tus notas altas y recuerda terminar cada nota «recogiéndola» dentro de ti.

Cultiva el buen hábito de cantar notas altas sin miedo. Cuando cantes en tus escalas medias y medio-altas, tendrás una sensación de confianza y facilidad. Al cantar notas altas, intenta recordar esta sensación; cuando las cantes con facilidad, tendrás más confianza en tu voz, cantarás mejor y serás capaz de expresar la emoción de la canción con espontaneidad.

Los siguientes ejercicios son específicos para practicar con las notas altas.

Levantarse para recibir tu plena voz

Siéntate en el borde de una silla, inclinándote ligeramente hacia adelante, con los dos pies apoyados en el suelo, separados solo unos centímetros. El pie adelantado está totalmente relajado en el suelo, el otro descansa sobre los dedos.

Empieza cantando un tono y, poniendo el peso sobre el pie adelantado, levántate de la silla. Los dedos del pie de atrás ayudan a que el cuerpo se levante y se desplace hacia adelante. Empieza con un tono que se halle en medio de tu escala vocal; desde aquí puedes subir y bajar tonos. ¡Recuerda no forzar la voz!

Al levantarte, mantén abierta la garganta e imagina que tu voz es como un rayo de sol que desciende desde tu centro del espíritu hasta tu centro de energía vital, traspasándolo y continuando hasta introducirse profundamente en la tierra. Tu voz sonará más plena y conectada al centro de tu energía vital, te sentirás anclado en la tierra.

Bailando el vals

Practica las notas altas mientras bailas un vals o simplemente das vueltas en círculo. El vals y los giros son formas de movimiento circular continuo utilizados en todo el mundo para desbloquear inhibiciones y miedos. Yo prefiero el vals porque combina los giros y la utilización del ritmo. Practica primero el vals, hasta sentirte cómodo y libre en el movimiento. Después comienza a cantar una nota alta al principio del giro. A continuación, mantenla sin tensión mientras sigues bailando. ¡Te sorprenderá lo fácil que fluye tu sonido hacia afuera! Las notas sonarán armoniosas debido al continuo movimiento del cuerpo, al mismo tiempo este ejercicio te ayudará a experimentar la nota alta y a sentirla en la cabeza y en el cuerpo.

Caminando hacia atrás

Practica tus notas altas mientras caminas hacia atrás. Empieza tu nota al tiempo que el pie que está detrás toca el suelo. Existe una sensación maravillosa de «anclar» la nota en este ejercicio. Mientras te mueves hacia atrás, inclínate un poco hacia adelante doblando ligeramente las rodillas.

Permanecer sobre una pierna

Este ejercicio implica practicar tus notas altas mientras permaneces sobre una pierna y doblas la rodilla inclinando el cuerpo hacia adelante. Tu nota empezará cuando comiences a doblar la rodilla y tendrás que mantenerla mientras sigues doblando, solo hasta el punto en el puedas enderezarte de nuevo. Como en el ejercicio del vals, practica el movimiento antes de empezar realmente a cantar.

Doblar la rodilla estando sobre una sola pierna ayuda a centrar la energía en la zona Tan T'ien. Mientras doblas la rodilla, imagina que estás «recogiendo» el sonido con una mano o simplemente imagina que el sonido te viene del cielo a través de tu centro del espíritu y después a tu Tan T'ien, llegando hasta el centro de la Tierra.

El abrazo

Practica las notas altas mientras abrazas a alguien con entusiasmo. Si no hay otra persona cerca, abraza una almohada. Pon atención en implicar todo tu cuerpo, especialmente el centro de energía vital. Imagina que cantas la nota (o que esta fluye dentro de ti) rápidamente, sin titubeos, justo en el momento que empiezas a abrazar. Abrazar con entusiasmo ayuda a activar todo tu ser, permitiéndote alcanzar las notas más altas y enriquecer la resonancia de tu voz.

Vaciar la respiración

En la meditación taoísta, como en la budista, vaciar la mente es limpiarla y liberarla de tensión, para que esté fresca y poder utilizarla de nuevo. En el canto, vaciar la respiración es uno de los mejores métodos para alcanzar más fácilmente notas altas y aumentar la resonancia. Inclina ligeramente el cuerpo hacia adelante, como si fueras a saludar, mientras espiras todo el aire que tengas, de manera que tu abdomen inferior se vacíe completamente. Tan pronto como sientas que has vaciado todo el aire, incorpórate mientras inspiras suave y cómodamente, imaginando el sonido /a/ redondo. (Intenta no inspirar demasiado porque el cuerpo podría tensarse). Tu respiración descenderá rápidamente al centro de energía vital. Canta ahora una nota mientras imaginas que estás «recogiendo» el sonido.

Repite cinco o seis veces este ejercicio sin que dure demasiado. Esto te dará una buena sensación de respirar profundamente activando la energía que fluye desde tu centro de energía vital y sentirás que puedes llegar a las notas agudas. Saldrán más fácilmente y tu sonido será pleno.

Notas graves

Hay diversos métodos para extender el registro vocal grave. Uno de los mejores es centrarse en el flujo del movimiento circular continuo mientras practicas estas notas. Esto te dará una sensación de flexibilidad, que es tan importante cuando cantas notas graves como cuando cantas notas agudas o de registro medio. Cuando cantes notas graves no dejes fluctuar tu energía, canta con un sentimiento de entusiasmo y admiración, expresándolo con el sonido /a/. Intenta cantar como si fueras a hablar, con la boca entreabierta y manteniendo ligeramente abierta la garganta. No fuerces nunca las notas graves, tampoco presiones la mandíbula o la parte baja del mentón porque las notas sonarán como si no se produjeran libremente. Y no solo eso, las cuerdas vocales sufrirán al presionarlas excesivamente. Si quieres pasar de una nota grave a una nota aguda, o a una nota en una tonalidad más alta, y quieres una transición uniforme entre las dos notas, canta el final de la nota grave ligeramente más suave, antes de pasar a la nota aguda. Canta el comienzo de la nota aguda también más suave, como el final de la nota grave que la precede. En los casos en que se requiera que la nota aguda sea fuerte, haz la transición lo más rápidamente posible, de este modo el sonido fuerte sonará sin demora.

En primer lugar, practica las notas graves en un tempo moderado o moderado lento. Más adelante canta como más te guste.

Ejercicios para ampliar tus dinámicas

Cuando hablamos de dinámicas en música, nos referimos al grado de fuerza y suavidad. Las variaciones de las dinámicas realzan la emoción y el significado de una canción, al igual que lo hacen las variaciones de ritmo, tempo y color tonal. En términos taoístas, estas variaciones son la interacción de polaridades o elementos opuestos.

Tabla 1
Terminología de las dinámicas en música

Término italiano	Abreviatura musical	Equivalente español
Fortissimo	*ff*	Muy fuerte
Forte	*f*	Fuerte
Mezzo forte	*mf*	Moderadamente fuerte
Mezzo piano	*mp*	Moderadamente suave
Piano	*p*	Suave
Pianissimo	*pp*	Muy suave

Los términos de la tabla 1 son los más utilizados en música para describir grados de volumen. Algunos compositores han ido más allá de esta escala para que su composición sea interpretada con un gran contraste dinámico. Por ejemplo, Tchaikovsky señaló «ppp» al final del primer movimiento de su sexta sinfonía; mientras que en su ópera *Aida*, Verdi indicó «ppp» al final del aria para tenor «Celeste Aida».

Los cantantes que emplean con exactitud la escala general de dinámicas tienen un amplio campo de extensión, pudiendo interpretar las canciones expresivamente. Como cada voz tiene su propio carácter y es diferente de cualquier otra, notaremos que los niveles de las dinámicas variarán según el timbre individual de la voz. En otras palabras, mi voz suave no tiene el mismo grado de suavidad que tu voz suave, lo mismo sucede con nuestras voces fuertes.

Las siguientes indicaciones y ejercicios te ayudarán a extender tu escala dinámica para que sea más plena y a mantener una buena extensión de registros al practicarlo.

Cantando *pianissimo*

Practica el ejercicio del sonido de la sirena que hemos visto al principio del capítulo. Hazlo tranquila y pausadamente con la garganta abierta y la sensación de flexibilidad en la mandíbula y la garganta, sintiendo el cuerpo libre de tensiones.

Incluso cuando cantes suavemente, mantén alto tu nivel de energía, no dejes que decaiga. En las entonaciones suaves, tu boca debe estar más cerrada que en las entonaciones fuertes, adoptando la forma más redonda posible. Relaja el labio inferior, cubriendo apenas los dientes inferiores.

Haz respiraciones profundas suavemente y sin esfuerzo, cerciorándote de que inspiras una pequeña cantidad de aire. Verás que es fácil cantar notas suaves empleando menos aire.

Cuando empieces a cantar una nota muy suave, imagina que estás «recogiendo» la nota dulce, rápidamente y con confianza. Al mismo tiempo, deberías abrir la boca y la garganta un poco más. Recuerda los ejercicios de movimiento circular continuo e imagina que estás aspirando la nota muy suave y que el sonido *pianissimo* es como una nube flotando a través de ti.

Vocaliza las vocales /a/, /o/ y /u/, imagina que su entonación es redonda y tiene una cualidad de timbre suave. Continúa con las vocales /i/ y /ei/ (como «ley»). Escoge los sonidos de las vocales con las que te sientas más cómodo. Algunos cantantes sienten que /i/ y /ei/ son más útiles cuando se cantan notas muy suaves, mientras que otros prefieren /a/, /o/ y /u/.

A continuación, agrega a las vocales las consonantes /m/, /f/ y /v/, emitiendo sonidos como /ma/ o /fi/. Cuando vocalices con una consonante delante de una vocal, deja salir la consonante lo más deprisa posible. Si al principio no te resulta cómodo agregar consonantes antes de las vocales, tómate una pausa antes de intentarlo de nuevo.

Si no te encuentras centrado y lleno de energía antes de vocalizar o sientes que tu respiración no desciende fácilmente al área Tan T'ien, practica durante unos minutos los ejercicios gran círculo solar, desplegando mis alas y meditación en movimiento del capítulo 3. Estos estimularán tu energía sin esfuerzo y te ayudarán a coordinar la respiración con la energía para producir la entonación correcta.

Es importante aprender a hacer cambios uniformes y efectivos en las dinámicas, como cuando una nota muy suave va precedida de una nota fuerte. Canta suavemente el final de la primera, haciendo decrecer rápida y gradualmente su volumen antes de empezar a cantar la nota suave. Si el compositor no lo quiere así, la nota suave deberá ser indicada con súbito p (*pianissimo* brusco). Otra forma de hacer cambios es cantar desde una dinámica muy suave para pasar gradualmente a un sonido muy fuerte y luego volver al suave (del *crescendo* al *descrecendo*). Se puede realizar practicando el ejercicio del movimiento circular vertical del capítulo 2. En cuanto el círculo descienda entrando en ti, aumenta el volumen. Cuando el círculo ascienda saliendo, disminuye el volumen. Deberás sentir como si estuvieras «recogiendo» suave y continuamente la nota hasta que el sonido se acabe.

Cantando *fortissimo*

A los cantantes que están sanos, llenos de energía y vitalidad les resultará más fácil cantar *fortissimo*. Sin embargo, cantar así no significa que se necesite de mucha fuerza o aliento para producir el sonido. Algunas personas toman mucho aire, tensando así el cuerpo y la garganta, produciendo una entonación que suena tensa y no es todo lo brillante y fuerte que podría ser. Como norma, podrás tomar todo el aire que quieras, mientras el cuerpo y la garganta continúen flexibles. Dirige la respiración hacia el centro vital de energía, haciendo que la zona se vuelva firme.

No presiones sobre el sonido que sale y no ataques la nota con todas tus fuerzas, pues tensarás el cuello y la garganta y el sonido no será bueno. No resaltes demasiado el sonido. Empleando los ejercicios de apertura de garganta del principio de este capítulo, podemos sencillamente imaginar que «recogemos» el sonido con gran entusiasmo, confianza y sin vacilaciones. Asegúrate de que el comienzo del sonido sea algo suave para fluir muy rápidamente hacia el *forte* o *fortissimo*.

Para cantar *fortissimo*, el cuerpo y la garganta tienen que estar libres de tensión. Tiene que haber un justo equilibrio entre la relajación y la estimulación, no solo al cantar una nota muy fuerte, sino también antes de cantarla. El ejercicio de movimiento circular vertical del capítulo 2 es una gran ayuda para mantener dicho equilibrio y facilitar este tipo de canto. Dejando que fluyan libremente el sonido y tu respiración, abre el corazón y la totalidad de tu ser para recibir la maravillosa vibración sónica del gran universo, que está compartiendo su poder contigo en este preciso instante.

Otra buena manera de emplear tu imaginación cuando cantas una nota fuerte o muy fuerte es imaginar que el sonido está viajando muy rápido hacia el centro de la tierra. Para aumentar gradualmente la fuerza, imagina que el sonido va cada vez más rápido o que tiene la forma radiante de un rayo de sol que persigue a una bola muy deprisa, hacia el centro de la Tierra. Si quieres aumentar la fuerza, imagina que persigue la bola cada vez más deprisa.

Algunos ejercicios para cantar notas agudas, descritos al principio del capítulo, también te ayudarán a cantar *fortissimo*. En particular, permanecer en una pierna y el abrazo. Se puede emplear una variación del abrazo al cantar una serie de notas fuertes o moderadamente fuertes en un tiempo moderado o lento. Abraza con firmeza a una persona cuando cantes la nota fuerte y suelta un poco en la nota moderadamente fuerte, así podrás aplicar la interacción de fuerzas opuestas. En lugar de expulsar una gran cantidad de aire para producir un sonido fuerte, es importante recordar que debes empezar y terminar la frase «recogiendo» o abrazando el sonido, incluso si pretendes cantar fuerte. Por supuesto las que cantes menos fuerte tienen que ser sílabas átonas y palabras sin importancia. Puedes hacer el ejercicio del abrazo en tu imaginación (kinestésicamente) o intentarlo con una almohada, que funcionará muy bien.

Cuando cantes *fortissimo*, debes producir un sonido lleno, cantando cerca de tu máximo volumen. Ten en cuenta que para el público una nota muy fuerte no sonará como tal si todas las notas que canta son fuertes. La percepción de fuertes y suaves es una cuestión de contrastes: si quieres un sonido muy fuerte, deberás cantar más suaves las notas que lo preceden.

Generalmente en una canción una nota muy fuerte expresa un clímax emocional. Los cantantes tienden a reaccionar ante este aumento tensándose justo antes de empezar la nota muy fuerte; lo que supone un error, pues nadie puede cantar bien así. Recuerda respirar suave y profundamente entre las frases, tanto como te permita la música; mantener flexible y abierta la garganta; relajar la mandíbula, la boca y el cuerpo; flexionar un poco las rodillas. De esta manera podrás cantar *fortissimo* con facilidad.

También puede ayudar tener un pie ligeramente adelantado, permitiendo al peso del cuerpo inclinarse un poco hacia adelante. Mantente relajado y estable, evita cambiar el peso del cuerpo de un pie a otro. Deja que la parte superior del cuerpo descanse cómodamente sobre tus caderas.

Por último, encontrarás que la vocal /a/ permite cantar muy bien notas fuertes, lo que es particularmente bueno para vocalizar. Evita cantar vocales que tensen la garganta o no podrás realzar la buena calidad de tu voz.

Cómo saber cuándo tu entonación es correcta

Al desarrollar la voz, progresarás más deprisa si sabes qué clase de sonido quieres producir. Es imprescindible tener una imagen clara y correcta de la tonalidad para determinar la cualidad del sonido que se quiere cantar. Recuerda que la belleza de un tono depende del gusto personal. Lo que te propones en este momento es desarrollar la conciencia de una buena entonación, que se pueda juzgar de una manera más objetiva aplicando ciertos valores. Las siguientes sugerencias te ayudarán a darte cuenta de cuándo tu imagen tonal es correcta y cuándo tu entonación es buena.

En primer lugar, escucha a cantantes en directo o en grabaciones. Si es posible escucha habitualmente a los mejores cantantes, así tendrás una guía clara de una buena entonación.

También es muy importante tomar clases con un buen maestro, preferiblemente el mejor que puedas encontrar y con quien te sientas a gusto. Un maestro puede aclarar el concepto de una buena entonación, además de enseñarte a producirla correctamente, a la vez que te guía para desarrollar tu potencial como cantante.

Graba tu voz cuando practiques y escucha la grabación. Es imprescindible un buen equipo de alta fidelidad para que no quede distorsionada. Escucharte a ti mismo y a tu maestro te ayudará a tener una opinión clara sobre la calidad de la entonación que produces. Es importante entender que si no has oído tu voz grabada, tendrás dificultades para saber cuándo tu voz suena bien de verdad.

Esto se debe a que el sonido que oyes en tu oído interno cuando cantas, el sonido que oyen los demás y el sonido de tu voz que está en la grabación son totalmente diferentes. Lleva tiempo reconocer cuál de ellos es tu verdadera voz. Después de oír con frecuencia tu voz grabada, podrás reconocerla gradualmente, junto con sus distintos matices y colores. Antes de que se inventaran las grabadoras eran los maestros y los compañeros de estudio quienes ayudaban a crear el concepto de la imagen tonal propia.

Tu opinión sobre una buena entonación se basa en la capacidad de reconocer ciertas cualidades vocales y en la sensación de flexibilidad física mientras cantas o hablas. Las cualidades que uno debería reconocer en sí mismo son:

- Una entonación clara y suave, incluso haciendo vibrato (no un sonido trémulo o sacudido).
- El tipo de timbre de tu voz. (Una entonación fuerte y viva tiene un timbre más intenso, mientras que una entonación suave tiene un timbre más delicado).
- La capacidad de cantar las notas afinadas todo el tiempo.
- Una redondez en la formación de los sonidos vocales.

Escuchar crítica y frecuentemente buenas y malas entonaciones, no solamente cantadas por ti, sino también por otros, te ayudará a tener una clara imagen tonal, necesaria como guía para cantar.

Cuando cantes, también aprenderás a reconocer a través de tu sensación física de cantar, cuándo tu entonación es buena y cuándo no. Cuando cantes y produzcas una buena entonación, sentirás:

- Que no hay tensión en la garganta.
- Apertura y flexibilidad, especialmente en el fondo de la boca y en lo alto de la garganta.
- Libertad y flexibilidad cantando fuerte o suave, rápida o lentamente, agudo o grave; y cuando crees diversos matices de colores vocales, como brillante o sombrío.

Por otra parte, si sientes tensión y rigidez en la garganta y si te sientes tirante mientras cantas en tu registro vocal, te darás cuenta de que la entonación no es correcta.

Para reconocer las cualidades tonales y las sensaciones físicas, imagina tonos redondos que vienen hacia ti en diversas formas, como un sol radiante, el brillo de la luna o una espléndida flor. Emplea cualquier imagen que te resulte útil.

Si empiezas a notar que tu entonación es bella, reconócela y recuérdala. Si otras personas piensan que tu entonación es simplemente buena, pero no bella, no te sientas mal. Recuerda el dicho que reza: «La belleza está en los ojos del espectador».

Aprender a mantener una melodía

Si tienes un buen oído, si tu voz está sana, si hablas con un campo normal de inflexión y graduación, sin ser monótono, entonces tienes muchas posibilidades de cantar entonando. Aprenderás a cantar bien si tienes un fuerte deseo de aprender y confianza en el éxito. Los buenos resultados se alcanzan con una instrucción apropiada y una práctica constante, haciéndolo con un «corazón alegre y sonriente».

Para cantar una tonada se necesita la capacidad de recordar una melodía formada por una serie de notas, además de cantar dicha melodía en su exacta entonación, ya sea solo o con otros. Los siguientes puntos expresan algunas de las razones por las que la gente cree que no pueden aprender a cantar una tonada:

1. De niño te pidieron que no cantaras o sencillamente te dijeron «cállate», creando un importante bloqueo mental.

2. Rara vez cantabas, solo o con otros; por eso no tienes práctica. Tu voz no está acostumbrada a producir soni-

dos musicales y tu mente no está preparada para recordar tonadas.

3. A pesar de que crees que estás escuchando la tonada que quieres aprender, no puedes centrar la atención en lo que estás oyendo, así que no aprendes la tonada lo suficiente para cantarla correctamente.

4. En el momento en que empiezas a cantar, los miedos o la incapacidad para emplear bien tu voz producen tensión en la garganta, perjudican tu voz y el registro queda limitado quizás a solo cinco o seis notas.

5. Te pones tan nervioso que no oyes claramente la tonada que estás intentado cantar.

He empleado los puntos expresados anteriormente para ayudar a que aprendas a cantar una tonada. También encuentro útil recordar a mis alumnos que el conocimiento y la habilidad para cantar una tonada ya están codificados en ellos mismos, así que lo que están haciendo es decodificar esas capacidades. Simplemente deben recordar qué es lo que tienen que hacer para cantar una tonada. Esta idea la comentaremos más detalladamente en el capítulo 6, donde tratamos la memorización de la música. Los siguientes puntos y ejercicios están concebidos para solucionar el problema específico de la dificultad de entonar una melodía. Pruébalos todos para ver cuáles resultan más útiles. Al principio, cuando tu autoevaluación quizás no sea suficientemente aguda, alguien con buen oído para cantar (tu maestro o un amigo) puede ayudarte a hacer una evaluación.

Comienza de pie con una buena postura y haz el ejercicio del sonido de la sirena explicado al principio del capítulo. Canta dentro de tu registro vocal, empezando con el sonido más agudo que puedas producir sin tensar la voz. Después de practicarlo varias veces, serás capaz de entonar con una buena resonancia y el registro vocal será más amplio. Estas vibraciones sónicas buenas y libres aumentarán la confianza en ti mismo y te ayudarán a tener un buen sentido de la entonación de tu voz.

Busca un maestro o amigo que tenga buen oído para que te diga cuál es actualmente tu registro vocal. Comienza vocalizando dentro de tu registro vocal. Haz los ejercicios vocales del capítulo 4, comenzando por el ejercicio 1, donde se trabaja con cinco notas, y luego el ejercicio 2, que trabaja con las mismas cinco notas ascendiendo y descendiendo. No intentes cambiar la tonalidad hasta que puedas cantar la «melodía» del ejercicio en una tonalidad. Después de vocalizar el ejercicio 1, puedes agregar más notas agudas y graves, pero manteniéndote en la misma tonalidad.

Te ayudará mucho si sabes tocar el piano o el órgano. Primero toca los ejercicios 1 y 2 en el teclado; escucha la melodía sin ninguna tensión. (Asegúrate de que el instrumento está afinado). Continúa vocalizando un solo ejercicio, y tras unos minutos, el siguiente. Puede ayudarte a coger la tonada más rápido que alguien cante contigo o que cante el ejercicio para ti, así luego podrás repetir lo que has oído.

Generalmente la gente aprende más a entonar escuchando la voz humana que un instrumento. En general no hay ninguna diferencia entre escuchar una voz masculina o femenina, aunque a veces algunas personas entonan más rápido cuando escuchan una voz de su mismo sexo.

Cuando creas que ya entonas correctamente, haz una grabación y escúchala; intenta juzgar tu propia entonación. Verifica con tu maestro o amigo para comprobar si estás cantando correctamente. Si la grabación suena incorrecta, serás capaz de distinguir los errores de los aciertos. Repite este proceso varias veces y, cuando creas que cantas de forma correcta, tu autoevaluación se habrá agudizado y tu confianza aumentará. Esto reforzará la capacidad de entonar.

Como ves, gran parte de este proceso consiste en aprender a escuchar. Pero ten cuidado de no escuchar demasiado, emplea el enfoque taoísta: deja que la tonada o frase fluya dentro de ti. Practica con entusiasmo, nunca con aburrimiento, pues en ese estado no conseguirás buenos resultados. Practica cuando estés alerta y en ambientes en los que te sientas cómodo. La fatiga y las habitaciones sobrecalentadas o muy frías no son buenas para practicar. Escoge canciones sencillas dentro de tu registro vocal y practícalas en un tempo cómodo y moderado independientemente de cómo estén escritas. Cuando hayas aprendido a entonar bien, podrás cantarla en su tempo original. Las canciones para niños o populares son ideales para aprender, no requieren un gran registro vocal y sus ritmos son fáciles de aprender. También puedes escoger alguna parte de una canción que te guste para practicar si el resto no es apropiado para tu registro vocal.

No tiene porqué gustarte todo lo que cantes, pero no deberías cantar algo que te desagrade.

Si tienes un fuerte deseo de cantar con una grabación, deja que tu maestro o amigo te ayude a escoger la grabación más apropiada.

Si practicas con confianza y regularidad, tendrás una verdadera oportunidad de aprender a entonar. Mientras tanto, como tu voz irá mejorando, disfrutarás más cantando y te mantendrás altamente motivado.

Cómo corregir el canto desafinado

Cantar fuera de tono significa que estás cantando un poco alto o un poco bajo respecto a la entonación requerida. Cantar desafinando es molesto y puede estropear la música que se toca. Los factores que influyen son muchos: técnicos, físicos, mentales o emocionales, simples o combinados. Los siguientes enfoques te ayudarán a corregir este problema.

Para empezar, es importante que abras tu corazón, mantente alerta, centrado y con energía. Si estás cansado o si tu voz está cansada, tómate un buen descanso antes de cantar. Relájate haciendo ejercicios de movimiento corporal. Respira suave y profundamente, con la sensación de flexibilidad en el cuello, la garganta y el resto del cuerpo. Deja que la energía fluya. Inspira suave y profundamente, totalmente flexible y con la garganta abierta, dirige la respiración hacia el centro del espíritu y de la energía vital. Inspira imaginando el sonido redondo /a/ (ver el principio del capítulo, «La buena entonación mediante la inspiración apropiada»).

Elige una canción que te guste, una que esté dentro de tu registro vocal. Antes de empezar a cantar, intenta oír claramente en tu oído interno el intervalo específico o toda la frase musical que has aprendido. Deberías hacer esto sin recurrir siempre al piano o a la grabación, así podrás desarrollar la memoria musical y mejorar tu capacidad de cantar en la tonalidad exacta. Asegúrate de seguir el concepto taoísta de no hacer nada en exceso: no escuches demasiadas grabaciones, escucha una canción y cántala como un niño, sin inhibiciones. Permite que el sonido fluya dentro de ti.

Si tienes problemas para entonar una nota específica, pide a alguien que cante o toque la nota en el piano mientras describes giros relajando tu cuerpo. Imagina que la tonalidad y el sonido están fluyendo dentro de ti; luego canta la nota. Esta es otra forma de aplicar el concepto taoísta del movimiento circular continuo para desbloquear los canales de energía y eliminar las inhibiciones, permitiéndote cantar en la entonación correcta.

No fuerces la nota, ya que demasiada fuerza inicial puede distorsionar tu entonación. Canta suave la primera parte de la nota, esté o no indicado. Imagina que «recoges» la nota a gran velocidad, llevando el sonido al centro del espíritu, hacia el centro de energía vital, a las profundidades de la Tierra; de esta forma producirás una alta energía en tu voz. Esto te ayudará a cantar en la tonalidad justa, además de evitar problemas con notas agudas. (Para las notas graves, recuerda que, si bien no requieren alta energía, no debes dejar caer el nivel, ya que seguramente sonarás desafinado). Esta técnica también vale para sostener las notas largas. Puedes imaginar el sonido viajando en un suave y continuo movimiento circular. Hacer un trémolo o un sonido fluctuante es otra forma de cantar desentonando, así que emplea esta técnica mientras imaginas que el sonido fluye dentro de ti como un suave y radiante rayo de sol.

Mientras continúas en la misma tonalidad, canta una serie de palabras que tengan consonantes y vocales (por ejemplo: «Mi vida y mi amor»). Canta las consonantes tan rápido como puedas. Mantén tu atención centrada y tu energía fluyendo todo el tiempo, especialmente cuando estés cantando una serie de notas en la misma tonalidad, porque la repetición hace que el cantante se descuide o se relaje demasiado y cante desafinando.

Si tienes que cantar notas de una canción en el área débil de tu voz —generalmente en el extremo alto o bajo de tu registro o en el área de quiebro de tu voz— cambia la tonalidad de la canción a una más apropiada. Puede resultarte difícil corregir la entonación cantando en las zonas débiles y vulnerables, pero se puede conseguir si, además de hacer los ejercicios mencionados, practicas también los ejercicios de apertura de la garganta descritos al principio del capítulo. Cuando vocalices notas en la zona de quiebro de tu voz, practica primero con el sonido /u/ como en «tú»; luego continúa manteniendo los labios como si pronunciaras /u/, pero canta /i/, como en «sí». Recuerda «recoger» el sonido.

Al cantar, imagina que tu voz es un radiante y vigoroso rayo de sol fluyendo suave y constante dentro y fuera de tu ser. Imagina que el sonido de tu voz es vibrante y brillante, como la luz del sol, especialmente cuando tiendas a cantar desafinando. Cuida bien tu salud, tu voz fluctuará si te sientes débil o en baja forma (ver el capítulo 8).

Por último, una de las causas más comunes del trémolo, la fluctuación en la voz o cantar desafinando, es estar asustado. En este aspecto, la sección del capítulo 6 «Transformar el estado de miedo en un estado de alegría», puede ser una ayuda.

Notas

1 Algunos cantantes sienten que los senos nasales y las cavidades postnatales proporcionan cierta resonancia a la voz. Algunas autoridades al respecto, tras realizar algunos experimentos, han concluido que la resonancia que sienten algunos cantantes en estas áreas, así como en la zona del pecho, no afecta a la calidad acústica de la voz; esto es, que no añade nada a la tonalidad que llega a los oídos de la audiencia. Brodnitz señala que el rol de los senos nasales como cámaras de resonancia es extremadamente dudoso.

6. Técnicas para músicos y estudiantes avanzados

> «El propósito de aprender es poner en práctica aquello que has aprendido».
>
> AXIOMA CHINO

ES UN GOZO CONVERTIR tu canción favorita en parte de ti, esto sucede cuando la incorporas a tu memoria. Este capítulo enseña formas eficaces de memorizar una canción, dejando toda la energía disponible para cantar con sentimiento y libertad.

Deja volar tu espíritu: cantar de memoria

En algunas ocasiones es posible interpretar con la partitura delante, como por ejemplo en los oratorios o en los coros de las iglesias. Sin embargo, en óperas y producciones teatrales uno está obligado a cantar de memoria. Incluso cuando puedes leer una partitura al cantar, interpretar una canción leyendo la letra y la música hará que decaiga un poco tu energía y atención. También interferirá en el flujo espontáneo de tu voz y tus sentimientos. En algunas ocasiones los artistas expertos pueden echar rápidos vistazos a las partituras y aun así mantenerse en estrecho contacto con la música y el auditorio; pero ninguna canción se puede cantar expresivamente para el auditorio si los ojos del cantante están centrados en la partitura. Sobre este punto existe una amplia coincidencia entre muchos de los grandes maestros vocales y expertos, ya sean contemporáneos o del pasado. Por ejemplo, Carlo Lamperti, en su libro titulado *Perfeccione su voz*, comenta que «incluso un cantante experto empleará más aire en aprender una nueva canción que en cantar una ya conocida» (1954: 23)[1]. Mi propio maestro de canto de la Escuela de Profesores de la Universidad de Columbia, el profesor Harry R. Wilson, aconsejaba con frecuencia que mis alumnos y yo cantáramos de memoria, y me he dado cuenta de que así cantamos mucho mejor. Nuestras voces suenan mejor y podemos expresar todas las emociones. Cuando estudié con Alexander Kipnis, ahondé en su interpretación cuando me enseñó a cantar de memoria. Aunque tenía ochenta años, su voz no había perdido el esplendor de su juventud, sus ojos, su cara, sus movimientos corporales y sus manos expresaban lo que sentía sobre la canción.

Mi experiencia con mis alumnos también lo ha demostrado. Una vez memorizada una canción, puedo ayudarles a mejorar la emisión de la voz y la interpretación mucho más rápido que cuando leen una partitura.

Si tienes dificultades para memorizar canciones, los enfoques que veremos en este capítulo te pueden ayudar.

Crear condiciones de armonía para memorizar

Es importante prestar una atención seria a las actitudes y acciones que harán más fácil y agradable el memorizar. Necesitas encontrar formas de apoyar tu entusiasmo por cantar y de manifestar la alegría de compartirlo con otros. Escoge una hora del día en la que estés física y mentalmente despierto. Si tienes sueño, estás muy cansado, irritado o incómodo, no intentes memorizar, ya que avanzarás poco. Si sientes cansancio mental, deja que tu mente descanse un rato, dando un paseo o haciendo los ejercicios de movimiento corporal mencionados en el capítulo 3. Después de un buen descanso, tu mente estará fresca. Si tu mente necesita un profundo descanso, te puede venir bien meditar profundamente, vaciando la mente durante un período de tiempo. Esta es una práctica budista y taoísta que revitaliza la mente y eleva el espíritu. Para llegar a un estado de meditación profunda, necesitarás una disciplina de práctica de meditación regular. Un maestro que te guíe te ayudará a conseguirlo.

Para motivarte a empezar, proponte el objetivo de memorizar una canción. Por ejemplo, programa para cantar de aquí a dos semanas en una reunión, en la clase, en un concierto, en la televisión o simplemente para alguien especial. Tu objetivo puede ser para un acontecimiento real o imaginario, pero por supuesto es mejor si es real. Cuando tengas el propósito de memorizar una canción, lo harás más a gusto y más rápido. Cuanto más claro y definido sea el objetivo, más deprisa lo alcanzarás. Debes sentir más que un débil deseo y entusiasmo por aprender; debes sentir un ardiente deseo de aprender en un tiempo definido y para un proyecto interesante.

Selecciona canciones que te atraigan, que sean relativamente cortas y se adapten a tu estilo y tu voz (una buena duración es de dos o tres minutos). No debería tener un ritmo o una letra complejos, o un tempo demasiado rápido. Cuando hayas memorizado la canción, adquirido cierta destreza en memorizar y ganado confianza en tu capacidad de recordar, te será más fácil memorizar canciones más largas, rápidas y complejas. La primera canción es la más difícil, pero con la práctica las siguientes resultan más fáciles. Aprendemos haciendo y a memorizar, memorizando.

A la hora de memorizar, hazlo en un lugar tranquilo, bien ventilado y con una temperatura agradable. Trabajarás mejor si practicas en varios períodos cortos de tiempo en vez de en uno solo largo. Memorizar justo antes de acostarse puede ser muy eficaz, porque facilita el aprendizaje subconsciente.

La profesora Mary Schmitt es una neurofisióloga que ha enseñado en la Escuela de Investigación Social de Nueva York y ha compartido conmigo algunas observaciones interesantes sobre el aprendizaje a través del subconsciente. Ella afirma que: «Llevamos en nosotros dos mil millones de años de evolución, dos mil millones de años de memoria. Y gran parte de lo que llamamos *aprendizaje* no es más que el recuerdo o dejar aflorar a la consciencia lo que ya sabemos»[2]. Inspirado por esta idea, la he transmitido a mis alumnos, diciéndoles: «Lo que estás aprendiendo ahora no es nuevo; solo has olvidado que ya lo sabes. Yo estoy aquí para recordarte el recordar». Mis alumnos me han dicho que este pensamiento les ha dado más confianza en sí mismos, sintiendo que pueden aprender más rápido y memorizar mejor.

Enfoques sobre la memorización de la música

Durante las últimas décadas se ha investigado mucho sobre el funcionamiento del cerebro y el aprendizaje. Conviene tener en mente algunos de estos descubrimientos cuando nos proponemos memorizar la música. En particular, las investigaciones dirigidas al final de 1970 por los neurólogos Antonio y Hanna Damasio, en las que se ha demostrado que el proceso verbal que permite a un cantante cantar las palabras de una canción es muy diferente del proceso necesario para pronunciar esas mismas palabras fuera de un contexto musical o poético. Este trabajo se encuentra resumido como sigue en un artículo de *The New York Times*[3].

Estos investigadores piensan que «el lenguaje verbal empleado en una canción es generado probablemente por la función del hemisferio derecho y por lo tanto está cerca del origen de la melodía». No existe un conflicto de hemisferios porque el derecho permanece al mando y dirige el movimiento... Para simplificar, la destreza del lenguaje y la capacidad analítica están centradas en el hemisferio izquierdo, mientras que la emoción y la intuición están localizadas en el derecho. Hace veinticinco años, se descubrió que «el hemisferio derecho tiene una relación directa con la capacidad musical». Desde entonces muchos estudios han reforzado este descubrimiento.

El artículo cita además la sugerencia de los investigadores de que «el lenguaje y la música están unidos en el hemisferio derecho evitando así la rivalidad entre los hemisferios».

La implicación más clara de estos resultados para aprender a cantar canciones es la importancia de practicar la música y la letra a la vez, al menos un tiempo, así no estarán separadas entre sí en los hemisferios del cerebro.

Es importante comenzar con canciones que te resulten fáciles. Empieza memorizando canciones en tu lengua materna o en un idioma que conozcas muy bien. Cuando tengas más confianza, podrás aprender canciones en otros idiomas o aprender piezas más complejas o largas.

Consigue buenas grabaciones de las canciones que quieres memorizar, preferiblemente en la tonalidad en que las vas a cantar. Si es posible consigue una grabación cantada por un gran artista. Escucha y luego sigue la grabación con la partitura vocal. También puede resultar de ayuda tener un buen acompañamiento de piano para las canciones —preferiblemente en tu tonalidad. (Este instrumento puede ser fácilmente sustituido por otros).

Si no puedes conseguir una grabación comercial de acompañamiento, busca un pianista profesional para grabarla. O si tú mismo eres es buen pianista, graba la parte de piano. De esta manera, podrás cantar la canción con la grabación. Puede ser un buen trabajo de estudio cantar la pieza *a cappella* (sin acompañamiento), si eres un buen repentizador. Interpreta también las diferentes líneas melódicas de la introducción, intermedio y final. Algunos profesores, incluido yo mismo, creen que un cantante no conoce bien una canción hasta que se ha familiarizado con todos los sonidos y características del acompañamiento. Otros llegan todavía más lejos al decir que cada nota —especialmente en la introducción, el intermedio, el final y todo el tejido armónico y de contrapunto— debería ser una parte importante del aprendizaje completo de una canción. Yo no creo que sea necesario y hay grandes cantantes que no tienen este nivel de conocimiento sobre la música que cantan. Otros sí y es fantástico.

Examina en conjunto la letra y la música para obtener una sensación general de la canción y familiarizarte con su estilo. Lee las palabras con fuerza y tempo moderado. Profundiza en tu comprensión del texto y de lo que expresa. Escribe varias veces la letra de la canción de memoria, mientras oyes la canción en tu mente o la cantas.

Escucha en tu mente la canción cantada tal como está escrita. Si sientes que el tempo es demasiado rápido, hazlo a uno más asequible. Cuando te sientas más cómodo, podrás cantarla en el que esté escrita. Si quieres aprender una canción de un cantante pop, ten en cuenta que muchas veces estos artistas no cantan las canciones tal como están escritas. Cambian la entonación y la duración de las notas, las dinámicas, el ritmo, el tempo y el acompañamiento. Los cantantes de folk también pueden cantar otra versión de las canciones. En tal caso la partitura no es la misma que la grabación que te gusta. Cuando conozcas la letra y la melodía, escucha otras versiones de acompañamiento y practícalas. Recuerda que es conveniente que exista una partitura comercial de la versión que escojas para suministrársela a tu acompañante o banda. Si sabes escribir música, transcribe la melodía unas cuantas veces. También te ayudará escribir símbolos para distinguir las introducciones, los intermedios y los finales. Si tienes facilidad, visualiza la letra y la melodía, así como la introducción, la parte intermedia, el final u otras partes, como los coros.

Fíjate en qué partes de la canción inspiras y recuerda los estados de ánimo y sentimientos de la canción.

Si te parece que la canción es demasiado larga, puedes dividirla en partes memorizando las diferentes secciones hasta cantar toda la canción. Durante el proceso, no la cantes demasiadas veces porque se te cansará la voz. Oír la canción con el oído interno, te ayudará a memorizar más fácilmente. Si estás empezando a cantar, el sonido imaginado puede ser un poco vago, porque tu imagen tonal no está claramente definida. Pero con tiempo y práctica podrás conocer y oír lo que quieres. Las grabaciones y actuaciones en vivo de los grandes artistas te ayudarán a crear una buena imagen tonal.

Conclusión

Si puedes memorizar de la forma descrita anteriormente, irás con ventaja. Pero si no puedes, no te preocupes, muchos cantantes famosos no saben nada de armonía o contrapunto; algunos incluso cantan sin saber leer partituras. Por ejemplo, en la tradición oral de la música popular, la gente ha aprendido a cantar y tocar sin leer música, solo oyendo y cantando con más gente. Aun así, será mucho mejor si aprendes a leer música, pues siempre es más conveniente tener un conocimiento completo de lo que haces.

Algunas personas sienten que un proceso analítico detallado les ayuda a memorizar. Si no es el caso, no te preocupes[4].

Intenta el antiguo enfoque taoísta que confía más en el poder intuitivo. Aborda el trabajo de memorizar con disciplina y regularidad, pero sin forzarte por aprender las canciones. Abre tu ser y deja que tus sentimientos y pensamientos respondan espontáneamente a la letra y a la música. Deja que las palabras y la música fluyan dentro de ti. Esto te ayudará a disolver cualquier bloqueo que tengas para memorizar.

Cuando hayas memorizado una canción, verás la recompensa de tus esfuerzos. Cantarás con buena dicción, tempo, ritmo, dinámicas, estilo, frase y respiración. Con tu atención libre de estar centrada en la canción, te será posible interpretarla con sentimiento y clara comprensión de la letra y la música. Te animo a cantar habitualmente tu canción con mucha alegría, para una audiencia. Esto te ayudará a ser mejor cantante e intérprete y a conservar la canción en tu memoria.

El canto con variedad de matices tonales

En palabras de mi maestro, Alexander Kipnis, reconocido como uno de los grandes bajos del mundo: «Cantar con una variedad de matices tonales es un elemento muy importante en el canto expresivo y artístico. Sin estos, no importa lo correcta que sea la voz del cantante, ya que se volverá una voz carente de interés». Estoy seguro de que muchas autoridades y profesionales comparten este punto de vista.

Kipnis sabía de qué hablaba. Él cantaba con una gran variedad de matices tonales. Además de un matiz cálido, sombrío y profundo, necesario para una voz grave masculina, se lucía produciendo matices luminosos, blancos, brillantes y muchos otros. Si tienes la suerte de oír una grabación de Kipnis, notarás que su voz no solo es bella y poderosa, sino también adornada por una interesante variación tonal. Su canto es expresivo y artístico. Él creía que es el sentimiento y la sensibilidad del cantante lo que crea la variación de matiz tonal. La mera técnica de matizar la voz podría ayudar solo hasta cierto punto. El método que empleo para enseñar el matiz tonal es fruto de un largo trabajo con el maestro Kepnis. En esta sección abordaremos los matices tonales más generales: cálido, brillante, oscuro y otros más específicos.

Producir un matiz cálido

Es básico y esencial que cuando empieces a aprender a cantar dirijas tu entonación hacia un matiz cálido. Lo conseguirás imaginando y sintiendo que tu entonación es cálida. Imagina la calidez del sol o la intensa calidad y calor de una amistad. También imagina y siente que tu entonación es redonda, tanto si cantas la vocal /a/ como o la /i/. Deja la boca abierta, redonda y tan libre de tensión como puedas. La vocal /i/ requiere una pequeña apertura ovalada de la boca.

Tu voz debe producirse sin tensión y tener una entonación concentrada y redonda.

Siendo la entonación cálida el matiz fundamental, podrás pasar a otros matices sin mucha dificultad. Algunas personas tienen ese matiz cálido por naturaleza, pero se puede perder temporalmente. Es aconsejable tener una imagen fidedigna o un sentimiento que evoque lo cálido para emplearlo cuando sea necesario.

Producir un matiz brillante

En general, una entonación con un matiz brillante expresa gozo y felicidad. Por ejemplo, cuando estás feliz y sientes que quieres reír o sonreír, tu voz tendrá un matiz tonal brillante. Cuando estés cantando una canción feliz, percibirás el sentimiento de felicidad. Si sonríes un poco, tu voz brillará y te ayudará a expresar felicidad. Siempre que rías o sonrías al cantar, mantén la garganta abierta, flexible y relajada para que tu voz no suene estridente o insustancial.

Producir un matiz oscuro

Generalmente, un matiz tonal oscuro expresa pesar o frustración. Por ejemplo, si tu pareja te ha dejado o has perdido tu trabajo y te sientes triste, tu voz tendrá un matiz oscuro o sombrío. Para producir este matiz, utiliza tu imaginación para conectar con el sentimiento de desdicha de la canción. Imagina también que tu voz es profunda y sombría. Oscurece un poco la vocal /a/ combinándola con el sonido /o/ u /ou/ y abre un poco más la boca, a la vez que tienes una sensación de apertura en la parte alta de la garganta. Canta los sonidos /i/ y /ei/ con la boca un poco abierta y redonda. A veces, mientras canto la vocal /a/ con la garganta abierta, imagino que la forma de la parte alta de la garganta es ovalada. Esto ayuda a oscurecer la voz.

Asegúrate de que tu voz no esté tensa, o no sonará sombría y no tendrá buena resonancia. Tampoco presiones la barbilla sobre el cuello; algunos cantantes intentan oscurecer sus voces de este modo y lo que logran es dañar sus cuerdas vocales.

Para terminar, es muy importante que mantengas alto su nivel de energía mientras cantas una canción triste. Aunque estés evocando el sentimiento de desdicha, no debes perder tu vitalidad.

Producir otros matices

Hay momentos en los que tienes que emplear la imaginación para crear un matiz tonal específico. Por ejemplo, en la canción *El vagabundo*, de Franz Schubert, la última línea que dice: «Donde no estás, hay felicidad» tiene que ser interpretada por una voz fantasmal. Con respecto a esta última línea de la canción, el maestro Kipnis dijo: «En mi imaginación la voz fantasmal es muy fría, sin calidez o sentimientos compasivos». Demostró lo que quería decir de forma muy eficaz. Cuando cantaba este fragmento, su imaginación transformaba la voz en algo más frío, sin vibrato y sin ningún cambio de dinámicas. Mientras cantaba la palabra alemana *ist* (que significa 'es' en español) en su registro bajo, estiraba los labios hacia los lados haciendo una mueca y sus ojos se abrían con una mirada helada y severa.

El rey Erl es otra gran canción de Schubert y su interpretación por el maestro Kipnis se consideró suprema[5]. Hay cuatro personajes —el narrador, el padre, el hijo joven y el rey Erl— interpretados por la misma persona, y cada voz tiene su propio carácter y variedad de matices tonales, respondiendo al texto y a la música. Lo que sigue a continuación son mis notas sobre lo que el maestro Kipnis me dijo sobre cómo desarrollaba los matices de voz para esta pieza:

> En primer lugar, imaginé cómo debería sonar cada voz; después creé un matiz de color específico y fundamental adecuado para cada una. Cuando estaba cantando el drama de la canción, mis emociones, sentimientos y matices tonales cambiaban en respuesta al texto y la música. Si alguien me preguntara cómo matizaba mi voz para cada uno de los personajes, diría que mi imaginación, la respuesta emocional a cada personaje y la intuición eran las partes más importantes.

Hay un amplio espectro de matices tonales entre muy oscuro y muy brillante. La capacidad de utilizar estos matices consciente o inconscientemente para la expresión emocional apropiada depende del talento natural del cantante, de su sensibilidad, entrenamiento y práctica. Puede ser que dos grandes cantantes no utilicen el mismo matiz tonal para interpretar la misma canción o frase musical. La voz de cada artista tiene sus propias características y es tan individual como las huellas digitales; cada cantante tiene una respuesta emocional única. Por lo tanto, no podemos esperar que nuestro maestro nos enseñe todos los secretos sobre el espectro de matices tonales. Solo puede enseñarnos la técnica empleada para matizar la voz en cierta medida. Para alcanzar lo que queremos, debemos descubrir nuestro propio modo —nuestro Tao— que nuestra experiencia y sentimientos harán aflorar para aplicarlo junto con la enseñanza del maestro o de la técnica.

La meta la podemos expresar como: «Me convierto en lo que canto», o como escribió Walt Whitman: «Me convierto en lo que contemplo». El cantante, el canto y la canción se vuelven uno.

Cómo desarrollar y utilizar tu identidad vocal

Evidentemente cada voz es diferente, con un carácter innato. ¿Por qué debemos preocuparnos por nuestra identidad vocal? El sentido de desarrollar y emplear la identidad que pertenece a tu voz es revelar su potencial y rasgos distintos, permitiendo que se expresen libre, directa y eficazmente sus sentimientos, pensamientos y espíritu. Esto no sucede automáticamente, aunque es verdad que tu voz ya tiene su propia identidad, debemos ayudarla a alcanzar su plenitud.

La identidad vocal no es una camisa de fuerza, sino que se caracteriza por su versatilidad y flexibilidad. Esto permite mantener su identidad, aunque cambie de estilo según la situación. Si tienes el talento y entrenamiento adecuados, podrás cambiar de la ópera al pop y de Shakespeare a los musicales americanos sin perder identidad.

Sean cuales sean tus estudios oficiales o privados, o de autodidacta, tu formación debería darte una base sólida y una técnica fuerte para desarrollar tu voz. Así podrás seleccionar y pulir sus cualidades, a la vez que eliminas los puntos débiles. Algunas veces se le puede sacar partido a las debilidades o rasgos divertidos, como hacen los comediantes. Por ejemplo, la actriz Marilyn Monroe hacía un muy buen uso de su voz alta y fina, transformando su defecto en virtud.

Es fácil reconocer la identidad de una voz cuando se habla o actúa. Hasta cierto punto, la identidad de la voz cuando se canta es algo similar por extensión. Un ejemplo evidente podría ser mi maestro, Alexander Kipnis, cuya voz hablada cantaba. Su identidad vocal estaba en su timbre —la textura y cualidad tonal. Otro ejemplo es Rex Harrison, que cuando interpretó el musical *My Fair Lady*, su voz cantando sonaba mucho mejor que hablando. Pero estos son casos fuera de lo corriente; porque frecuentemente el cantante tiene que descubrir sus cualidades lógicas. Esto sucede cuando se estudia con un maestro, que se hace un análisis autocrítico durante la práctica, las actuaciones y al escuchar otras voces.

Es importante darse cuenta de la calidad especial de cada voz. Riqueza y calidad sonora eran las características de la voz del gran tenor Jussi Bjoerling. María Callas no tenía la voz más bella, pero tenía dos virtudes que le daban identidad a su voz. La primera y la más importante, su meticuloso estilo (maestría musical) era único. La segunda era el timbre inolvidable de su voz, que algunas personas oían como el toque de un oboe. Ella se dio cuenta de esta fuerza y construyó su identidad alrededor de ella.

Grandes cantantes de un mismo campo pueden tener identidades vocales o personalidades completamente diferentes. Dietrich Fischer-Dieskau y Hermann Prey son considerados dos grandes barítonos interpretando Lieder. Algunos oyentes prefieren la interpretación de Fischer Dieskau, otros consideran que la voz de Prey es más rica y cálida.

Como estudiante, puedes tener tus propias opiniones sobre los cantantes que escuchas, buenas y malas. Pero debes tener cuidado de no caer en la tentación de imitarles, pues no solo sería perjudicial para tu voz, sino que además podrías frustrar la posibilidad de desarrollar tu identidad vocal. Todo lo que aprendas sobre técnica de canto te ayudará a moldear y cambiar tu sonido para encontrar la identidad. Las técnicas de este libro pueden ser de gran ayuda en este sentido.

El proceso se realiza definiendo los puntos fuertes y los débiles e imaginando lo que quieres hacer con tu voz. Por una parte, requiere objetividad, que no siempre es fácil de alcanzar. Puedes descubrir que estás oyendo el sonido que esperas oír, en vez de oír el sonido real que estás cantando. Te puede ayudar a desarrollar la habilidad de ser objetivo y autocrítico pedir que otros te escuchen o escuchar tú mismo tus grabaciones. A medida que desarrolles tanto la capacidad de producir y controlar el sonido como la capacidad de ser un oyente objetivo, podrás hacer elecciones con tu identidad vocal, eligiendo desarrollar las calidades tonales y la textura que te guste, que son tus rasgos más característicos.

Con ayuda de la experiencia, deja que crezca y florezca tu identidad vocal. Cultiva y mima tu propia voz; somos la única especie en el mundo que puede hacerlo.

Elementos de interpretación

Cuando hayas memorizado una canción y puedas cantarla con facilidad, es el momento de interpretarla. El significado de una canción reside fundamentalmente en su contenido y significado emocional.

En esta fase, una técnica vocal bien desarrollada, una buena dicción y una actitud entusiasta te ayudarán decididamente a emplear tu voz para expresar totalmente todo lo que sientes y todo lo que quieres enfatizar. El dominio del sonido, es decir, cantar en la entonación justa llevando el ritmo y el tempo y expresar las dinámicas y el estilo es igual de importante. La habilidad de interpretar expresivamente es una ventaja.

Una formación cultural extensa y una constante observación de la vida en general también serán de gran ayuda. Stella Adler, una gran actriz y maestra americana, animaba a menudo a sus alumnos a observar la vida y lo que sucedía a su alrededor, ya que así les sería posible interpretar diferentes papeles con una profunda comprensión de los personajes.

¿Es importante la vida personal en lo que concierne a cantar o interpretar? A esta pregunta, Alexander Kipnis me respondió:

> Actuar es fundir tu individualidad con el personaje que cantas o interpretas, transformando los dos en uno. Es un error creer que un actor debe olvidar su propia individualidad para transformarse completamente en el personaje, porque esto sería imposible. Uno tiene su propia voz, cuerpo y sentimientos, así que no podría olvidar todas estas cosas. Cuando actúa, un cincuenta por ciento del personaje puede ser legítimamente suyo. El porcentaje puede aumentar en algunos cantantes o actores altamente individualistas.

O como aconsejó el célebre actor, director y maestro ruso, Konstantin Stanislavski: «Nunca te olvides de ti mismo cuando estés en escena. Actúa siempre desde tu personalidad, como un artista. No se puede dejar de ser uno mismo»[6].

En cuanto a la emoción y al intelecto, el legendario tenor Enrico Caruso dijo: «Cuando canto solo con la cabeza, no canto y la ópera se vuelve mecánica. Pero cuando canto con el corazón, me siento feliz todo el tiempo y la gente se pone alegre»[7]. Recalcando la importancia de la intuición en el proceso de la creatividad, el gran violonchelista Pablo Casals expresó el siguiente pensamiento:

> La intuición es un elemento decisivo tanto en la composición como en la interpretación de la música. Por supuesto que la técnica y la inteligencia tienen funciones vitales —uno tiene que ser maestro en la técnica de un instrumento para extraer al máximo su potencial, y deberíamos aplicar con inteligencia la exploración de cada faceta de la música—, pero fundamentalmente tiene mayor importancia la intuición. Para mí, el factor determinante en la creatividad, en hacer un trabajo vivo, es el instinto musical.

Casals tenía 96 años cuando hizo esta observación, hablando en un lenguaje más bien taoísta.

La primera vez que interpretes una canción, puede que no te sientas tan libre y espontáneo en la interpretación como estos maestros, puede que cometas algunos errores. No te preocupes, es natural. A medida que avances mejorarás tu interpretación, hasta que llegues a «ser uno» con la canción.

La interpretación de una canción puede expresarse en términos del principio taoísta de interrelación de elementos en movimiento circular. Como vemos en la figura 39, interpretar una canción implica la armónica interrelación de la intuición, la comprensión, la memoria, la técnica vocal, la maestría musical y la expresividad. Al interpretar una canción, simplemente permite que brote y se abra como una flor.

Cómo transformar el estado de miedo en un estado de alegría: un enfoque oriental y occidental

El miedo escénico es el miedo que sentimos cuando estamos delante de una audiencia. Surge por temor a la incertidumbre, a que en la interpretación pase algo desastroso (que la voz suene horrible, que no llegues a las notas altas o que te falle la memoria y olvides la letra y la música). También te puede preocupar tu

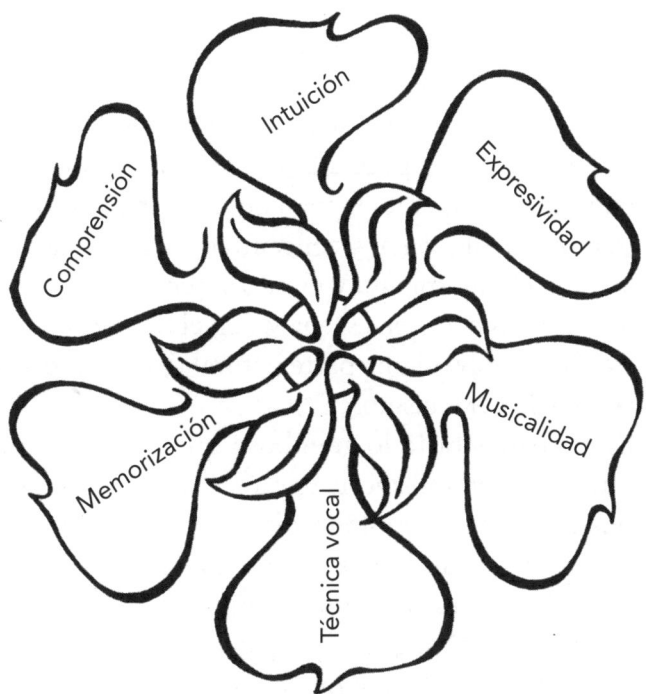

Figura 39.

aspecto. Detrás de todos estos miedos se esconde el temor a la falta de amor, de respeto y de apoyo, así que el miedo escénico puede crear mucha tensión y nerviosismo. Puede impedirte cantar al máximo de tus capacidades o que no suenes tan bien como te gustaría.

Como observó Ralph Waldo Emerson: «El conocimiento es el antídoto para el miedo». Conocer tus problemas y saber cómo remediarlos, te ayudará a reducir tu miedo. Pero sin la práctica constante, no lograrás eliminar el miedo escénico.

Un viejo proverbio chino dice: «El propósito de aprender es poner en práctica lo que has aprendido». Las siguientes pautas te ayudarán a eliminar el nerviosismo. Practícalas constantemente y así no solo se disolverá el nerviosismo, sino que lo transformarás en un estado de placer y alegría.

- Cultiva una actitud entusiasta de compartir la alegría de cantar con la audiencia.
- Si te causa placer cantar, no te pondrás tan nervioso ni tenso, en su lugar generarás un sentimiento de armonía en tu interior que te liberará de la tensión. Disfruta del sentimiento de cantar y concéntrate en la voz, la música, la letra, el sentimiento y el movimiento. Céntrate en lo que piensas hacer en escena y, con el tiempo, la concentración se volverá una parte natural del proceso. Esta es la esencia del taoísmo.
- Evita demostrarte lo grandioso que eres o abrirás las puertas al nerviosismo, la tensión y estarás bajo una cantidad excesiva de presión y responsabilidad para cumplir tus expectativas. El deseo de demostrarnos a nosotros mismos nuestra valía implica un sentimiento personal de incertidumbre que hará aparecer el miedo.
- No cantes una canción que no te guste, aunque sea una canción reconocida por los críticos y cantada por can-

tantes famosos. En términos taoístas, cantar una canción que no te gusta es una manera de actuar desentonando con la naturaleza y producirá sentimientos inarmónicos en tu interior.

- Canta canciones que sientas que puedes expresar con facilidad, tanto técnica como emocionalmente.

- Conoce en profundidad la canción, no solo memorices la letra, la música, las frases, el tiempo y las dinámicas, entiende también el significado esencial de la letra. Siente y entiende las emociones y estados de ánimo de cada canción.

- Practica la canción hasta que tengas la seguridad de que la conoces en su totalidad.

- Un momento antes de salir a escena, haz los ejercicios de movimiento corporal y meditación en movimiento descritos en el capítulo 3. Respira moderada, lenta, suave y profundamente, sin ponerte rígido. Eso estimulará a la energía para que fluya y contrarreste la tensión. También puedes practicar el ejercicio de ánimo y valor descrito al final de esta parte.

- Participa en diversas actividades que requieran actuar para un auditorio, como actuar, cantar en coros, hablar en público y participar en debates.

- Cultiva el amor y entusiasmo por compartir tus sentimientos y pensamientos con el público durante toda la interpretación. Cuanto más amor y entusiasmo reflejes en tu actuación, más rápidamente desaparecerá el nerviosismo.

- Si al cabo de un tiempo de aplicar estas pautas y ejercicios sigues nervioso antes de actuar, no te sientas mal, es natural. ¡No estás solo! Como dijo el gran tenor italiano, Luciano Pavarotti, en una entrevista de televisión: «Si alguien te dice que no tiene miedo antes de salir a escena, es un mentiroso».

Cuando estés en escena, concéntrate solo en tu voz, en la letra, en la música y en lo que creas que tienes que hacer en cada momento. Tu tensión nerviosa y tu miedo disminuirán y podrás disfrutar cada vez más de lo que cantas. Te sentirás cómodo contigo mismo y con los demás, transformarás el nerviosismo en placer y alegría.

Ejercicio de ánimo y valor

El siguiente es un ejercicio de movimiento corporal que te ayudará a eliminar el miedo y la tensión.

1. De pie con los pies separados a la distancia de los hombros y las rodillas ligeramente flexionadas, deja que los brazos caigan relajados a los lados.
2. Cierra suavemente los puños y dobla ligeramente los brazos.
3. Eleva las manos hacia delante, a la altura de los hombros.
4. Echa los codos hacia atrás a los lados del cuerpo, pero sin tocarlo, y continúa moviendo los codos hacia arriba y hacia delante creando un movimiento circular, de manera que tus brazos y puños se muevan como el eje de una rueda de una vieja locomotora a vapor. Al mismo tiempo, gira los hombros junto con los brazos y deja que los codos se curven y se enderezcan automáticamente, lo justo para producir el movimiento circular. Deja que tu cuerpo se mueva hacia arriba o hacia abajo con el impulso de los codos.
5. Repite los pasos 3 y 4, haciendo veinte círculos y empezando el movimiento lentamente, para luego ir acelerando.

Repite dos o tres veces la serie de círculos. Para obtener mejores resultados haz la serie de ejercicios varias veces a la semana. Si tienes problemas de corazón, antes de empezar consulta con tu médico. Mientras haces este ejercicio, cierra la boca y deja que la punta de la lengua toque cómodamente el paladar superior. Según la práctica taoísta, al poner la lengua en esta posición, unimos espiritualmente el cielo y la tierra. Físicamente, se produce saliva para impedir que la garganta se seque. A medida que aceleres la rotación, inspirarás y expulsarás el aire más deprisa. El miedo y la tensión hacen que los músculos se contraigan y el cerebro se bloquee. Este ejercicio de movimiento corporal te ayudará a relajarte y tu cuerpo entrará en calor rápidamente. Mientras, piensa: «Este poderoso movimiento circular está expulsando el miedo y la tensión, está generando ánimo y valor».

Después de practicarlo notarás que tienes más ánimo y valor.

Notas

1 Lamperti, C., *Improving Your Voice*, Vantage Press, 1954.

2 Para más información sobre este tema, vea Young, A., *Reflexive Universe*, Delacorte Press, 1976; y White, J. & Kuppiner, S. (eds.), *Future Science*, Anchor/Doubleday, 1976.

3 Henahan, D., «When the Neurologists Study Song», *New York Times*, 14 de febrero de 1979, p. D19.

4 Ibid. Henahan comenta que Hanna y António Damasio han descubierto que el lenguaje y la música se unen en el hemisferio derecho, ya que es intuitivo, a diferencia del izquierdo, que es más analítico. «Esto podría suceder porque la percepción y expresión musical, que está más cercana a la expresión emocional, es función del hemisferio derecho, permaneciendo algo distante de los procesos analíticos y conducta razonable del hemisferio izquierdo» (p. D19).

5 Tenemos la suerte de tener una grabación muy buena de Alexander Kipnis titulada «The Art of Alexander Kipnis» (Seraphim, LP 60076). Te acon-

sejo escuchar su interpretación, así como otras grabaciones. Perdimos un gran artista y maestro cuando murió a la edad de 87 años en mayo de 1978.

6 Stanislavski, K., *An Actor Prepares* (trad. de Elizabeth R. Hapgood), Theatre Arts Books, 1948, p. 167.

7 Miller, F. E., *Vocal Art Science*, G. Schirmer, 1927, p. 138.

7. Pautas
para una práctica eficaz

«El estudiante sensato escucha el Tao y
lo practica con diligencia. El estudiante corriente escucha el Tao y de vez en cuando
le presta atención. El estudiante insensato
escucha el Tao y se ríe en voz alta. Si no hubiera risas, el Tao no sería lo que es... Solo
el Tao alimenta y lleva todas las cosas a su
realización».

LAO TSE

E N EL PROCESO de aprendizaje, lleva un tiempo establecer los
nuevos hábitos, ya que los viejos siguen funcionando en
alguna medida. Por eso, estos nuevos hábitos solo se estable-
cerán si los practicas con amor, cuidado, regularidad, paciencia
y un fuerte deseo de transformación. Este capítulo contiene
pautas de entrenamiento para una vocalización y canto eficaz.

Comienza definiendo la idea de lo que quieres trabajar o
mejorar durante la sesión. Por ejemplo, quieres mejorar el sonido de las notas agudas o graves, el sonido de la vocal /i/ o /a/,
o la transición de un sonido muy suave a uno muy fuerte y viceversa. Tal vez quieres probar ciertos pensamientos, imágenes
o sentimientos que te ayuden a responder espontáneamente
a la canción que estás cantando. Quizás quieres aprender una

nueva canción, practicar alguna que interpretarás en un futuro concierto o perfeccionar el estilo de una canción en particular. Puede que simplemente quieras practicar los ejercicios del capítulo 4 para que tu voz entre en calor y se mantenga en buena forma.

Determina el tiempo que te vas a dedicar a cada sesión. Entre una y dos horas es una buena duración. Si dispones de poco tiempo, puedes trabajar las partes que consideres prioritarias. Cuanto tengas tiempo libre, trabaja las partes por orden de importancia. Comienza haciendo los ejercicios de movimiento corporal y la meditación en movimiento (ver capítulo 3), que te ayudarán a centrar la atención y estimular la circulación de la energía. A continuación, realiza el ejercicio de apertura de la garganta durante varios minutos (ver capítulo 5).

En primer lugar, vocaliza en tu registro medio y deja que las notas con las que te sientes a gusto te lleven a demás. Los cantantes profesionales también tienen alguna nota, ciertas vocales o vocales combinadas con consonantes que suenan mejor que otras. Para empezar, emplea dinámicas suaves o moderadas; no cantes *fortissimo* o notas agudas fuertes antes de entrar en calor y tener una buena resonancia.

Cuando en una canción tengas problemas con una nota, concretamente con una nota aguda, o si sientes que la canción que estás practicando no te gusta, canta antes otra que te resulte fácil, que te inspire o que te guste. Luego podrás trabajar sobre la otra canción y sus problemas. Si al cabo de unos minutos sigues sin poder cantar la nota alta como te gustaría, abandona la canción por un tiempo. Practica los ejercicios vocales del libro que te ayuden a cantar con buena resonancia, flexibilidad y buena calidad tonal. Y luego, vuelve a cantar la nota aguda durante unos minutos. Sé creativo e intenta no aburrirte al repetir lo mismo varias veces. Recurre a otros ejercicios o frases musicales que te podrían ayudar a cantar la nota aguda.

Más que trabajar una o dos canciones en particular, prepara una amplia variedad de piezas, incluyendo canciones que no hayas cantado antes. Cambia y explora las formas de tu movimiento corporal, incluyendo las manos. Si generalmente practicas el movimiento circular continuo con la mano derecha o si sueles apoyar el peso del cuerpo sobre el pie derecho, cambia de mano o de pie, o reparte el peso en los dos pies[1]. Te sentirás más flexible si balanceas suavemente el peso del cuerpo hacia adelante o hacia atrás sobre las articulaciones de los pies. Evita estar de pie todo el tiempo sobre los talones y tener las rodillas juntas.

Mientras cantas o vocalizas, prueba a danzar o a mover el cuerpo de varias formas. Así, te acostumbrarás a estar relajado y te sentirás espontáneo, aunque en los conciertos de música clásica actuales normalmente los cantantes se mueven muy poco.

Mírate en el espejo y comprueba la expresión de la cara, la apertura de la boca, la postura y el movimiento.

Para adoptar actitudes buenas y positivas en el canto, haz los ejercicios mentales llamados ensayos imaginarios, que son programaciones positivas para el cerebro. Greg Louganis, medalla de oro en buceo en los Juegos Olímpicos de 1984, es uno de los muchos atletas que ha utilizado con éxito los ensayos imaginarios. Mientras esperaba su turno para bucear, en su mente imaginaba cómo lo iba a hacer. Este ejercicio puede ser eficaz para los cantantes. A continuación, damos dos ejemplos:

- Pasa unos minutos imaginando cómo te gustaría que sonara tu voz al cantar una canción. Imagina que cantas todas las notas con facilidad, ya sean líricas, dramáticas, agudas, graves, muy fuertes o muy suaves.
- Imagina que estás sentado en la sala, escuchando y mirándote a ti mismo cantar, con el propósito de dirigir la interpretación. Imagina que te levantas y caminas

hacia el escenario para fundirte contigo mismo. Luego, levántate y canta, no en tu imaginación, sino con tu voz real. Haz los ensayos imaginarios con sentido del humor, como si fueras un niño jugando. Te sorprenderá lo mucho que tu imaginación puede ayudarte a mejorar rápidamente tu forma de cantar, acercándote más a lo que querías.

Otro ejercicio mental procede de las palabras de Walt Whitman citadas más arriba: «Me convierto en lo que contemplo». Para un cantante, significa que se convierte en lo que oye, que el cantante, el canto y la canción se vuelven uno. El oyente, lo que se oye y el oír se vuelven uno. La canción se convierte en ti y tú te conviertes en la canción. Este es uno de los momentos más emocionantes y valiosos que puede vivir un artista. Si mantienes esa confianza presente en mente, te ayudará a recrear ese momento. Tal vez suceda mientras ensayas, en ese caso, percíbelo, siéntelo e intenta recordarlo. Danza para celebrar lo que has conseguido. Como la gente tiende a recordar las buenas situaciones en momentos de alegría, seguramente podrás recrear este maravilloso momento ensayando en tu casa o actuando en público.

Hay otras formas de abrirse, creando el potencial para vivir ese momento de alegría. A veces siento mis canales abiertos y disfruto de la energía que fluye en mí cuando paseo y contemplo la belleza de la naturaleza que me rodea: flores abriéndose y desarrollándose, arroyos centelleantes, hojas iluminadas por el sol, el cielo azul infinito y brillante, nubes blancas, montañas, valles, un arcoíris, gotas de lluvia brillando al sol, una noche tranquila y sembrada de estrellas, y muchas más visiones encantadoras que nos brinda la naturaleza. A veces este estado se manifiesta cuando me inspira la música, la danza, una canción, un drama expresivo y emocionante o el cálido y vibrante contacto de un ser querido. Siempre que sientas este estado, toma conciencia de tus sentimientos y de qué los ha despertado. Utiliza este recuerdo de momentos de éxtasis para elevar la energía cuando estás ocupado en las actividades de la vida cotidiana.

Alguna vez necesitarás escuchar una canción interpretada por un gran artista para encontrar la vibración (sonora, musical o espiritual), la imagen tonal y la expresión que buscas. Además de ver actuaciones en directo, puedes escuchar las grabaciones, danzar, moverte siguiendo la canción o simplemente escuchar sentado.

Pon la música a un volumen moderado, ya que si está muy fuerte no oirás el sonido real —la voz estará más amplificada que el sonido real—. Cuando el sonido está muy amplificado, puedes sentir la tentación de imitarlo, forzando inconscientemente tu voz para que suene fuerte. Es importante darse cuenta de que, como las huellas digitales, no hay dos voces iguales; no hay dos órganos vocales que sean exactamente iguales en medida, forma y fuerza; no hay dos personas que tengan una misma respuesta emocional en estilo o intensidad. Escuchando a los grandes artistas comprenderás que tu voz es diferente. Aunque sus voces te puedan servir como buenos ejemplos, no te será posible copiarles.

Cuando escuches cantar a los grandes artistas, siente el canto y deja que te inspire. Danza o expresa en movimientos los sentimientos que el canto te produce. Luego, aplica la energía así despertada a tu propia práctica. Si tienes una buena grabadora, graba tu voz de vez en cuando, escúchala y comprueba lo que suena bien y lo que no. Fíjate un límite de tiempo para no dedicarle demasiado tiempo. Cuando te sea posible ensaya con un pianista y grábate con el acompañamiento. Escucha de forma crítica cómo suena tu voz y hasta qué punto el pianista y tú trabajáis bien juntos.

Cuando te sientas enfermo o muy cansado, no te fuerces a ensayar.

Por último, cultiva el hábito del entusiasmo y la alegría al ensayar. Hazlo manteniendo el corazón abierto y sonriente, con un ferviente interés en ensayar regularmente, asociándote con gente que te apoye y entendiendo que la paciencia es necesaria en el trabajo. De lo contrario, crearás bloqueos mentales o emocionales que afectarán a tu voz. Si no sientes entusiasmo y alegría cuando ensayas, tu práctica no dará buenos resultados y tu interpretación no mostrará lo mejor de ti. Recuerda lo que dice el *I Ching*: «El secreto de toda ley natural y humana es el movimiento que se encuentra con la entrega... Como el entusiasmo enseña la entrega al movimiento, el cielo y la tierra están a su lado y se mueven con él».

Notas

1 Ver nota 1 en el capítulo 2.

8. Un enfoque oriental y occidental para mantener la buena salud

«Suena la mente, suena el cuerpo, suena la voz».

EL AUTOR

LA BUENA SALUD MENTAL Y FÍSICA es vital para todos, especialmente para aquellos que escogen la carrera profesional de cantante, actor o conferenciante. El instrumento —la voz— está en la garganta y sabiendo que es el instrumento musical más delicado que existe, cualquier debilitamiento de tu fuerza física, cualquier molestia en la garganta y cualquier alteración emocional afectará negativamente al aspecto y la calidad tonal. Recuerda que la mente y el cuerpo están totalmente relacionados y son interdependientes; la salud de uno afecta a la del otro. Así que es esencial mantenerse sano en todos los sentidos.

Las siguientes sugerencias te ayudarán a mantener una buena salud física y mental.

Salud mental

- Disfruta de amar y ser amado.
- Sé pacífico contigo mismo y con los demás.
- Sé compasivo contigo mismo y con los demás. (Este es un aspecto especialmente fuerte de la filosofía budista).

- Ten pocos deseos. (Esta es la fuerza de la filosofía taoísta). Como dijo Sócrates: «Aquellos que desean pocas cosas son queridos por los dioses».
- Sigue la indicación taoísta de valorar el sentimiento de contentarse.
- Recuerda el proverbio chino que dice: «Eres tan rico como amplia sea tu imaginación». Deja que tu imaginación brille, crezca y vuele.
- Reconoce y experimenta el sufrimiento como una parte inherente del proceso personal de crecimiento. El budismo enseña que el sufrimiento abre los canales para mirar en uno mismo, así como para entender y comprender a los demás en un nivel mucho más profundo.
- Aprecia las buenas cualidades en ti y en los demás. Reconoce tus debilidades y trabaja activamente en ellas.
- Si bien preocuparse es humano, cuanto menos lo hagas, mejor, puede minar tu salud. En vez de preocuparte, investiga qué problemas puedes solucionar y cuáles no. El decimocuarto Dalai Lama, dirigente espiritual del Tíbet, dijo que no tiene sentido preocuparse por las situaciones que no se pueden arreglar: es más importante dedicar la energía y el tiempo a los problemas que sí puedes solucionar. La capacidad de remediar estas situaciones te ayudará a desarrollar confianza en ti mismo. Recuerda esta plegaria popular: «Dios me conceda la serenidad para aceptar las cosas que no puedo cambiar, el valor para cambiar las cosas que puedo cambiar y la sabiduría para distinguir la diferencia».
- Si no has conseguido lo que querías, piensa que la vida es un largo viaje hacia un destino y que la frustración es una parada temporal. Un fracaso es simplemente una parada. Debes continuar tu viaje con fe.

- Como dijo Pablo Casals a sus 96 años: «Siente cada día como si renacieras y vuelve a descubrir el mundo de la naturaleza del que jubilosamente formas parte»[1].
- Ten un corazón sonriente. Siguiendo la filosofía taoísta sentirás cómo se abre tu corazón y todo tu ser, desbloqueando los canales por los que fluye la energía vital (qi).
- Ríete todo lo que puedas. Y ríete de tu propia locura. Llora si lo necesitas, llora de tristeza, de alegría o por cualquier otra razón.
- Medita regularmente.
- Ten un buen pasatiempo, como la pintura, la fotografía, el jardín o toca un instrumento musical.

Salud física

Para tener una buena salud física, es importante hacer ejercicio regularmente. Los movimientos deben ser vigorosos, pero no agotadores. Evita aquellos que tensen la garganta, como levantar pesas. Haz ejercicios de movimiento corporal y meditación en movimiento del capítulo 3, así como otras actividades que te atraigan y te sienten bien. La natación, el yoga, el taichí, el quigong, ejercicios para mantenerte en forma o la danza. Andar rápido y correr, aunque tienen una variación de movimientos limitada, en ciertos aspectos pueden resultar beneficiosos.

Mantén una postura apropiada para dormir, estar de pie, sentado o andar. Una buena postura ayudará a la respiración y a la circulación sanguínea, así como a estar relajado y conservar la energía. Un antiguo principio chino que habla sobre la buena postura y que tiene un significado universal dice:

«Duerme como un arco.
Mantente en pie como un pino.
Siéntate como una campana.
Camina como el viento».

Estos consejos se pueden interpretar de la manera siguiente:

- Un arco es curvado. Si duermes de lado, con el cuerpo ligeramente curvado, no estirado, te sentirás más relajado.
- Un pino es fuerte y recto, pero también tiene flexibilidad cuando el viento sopla. Si estás de pie como un pino, adquirirás fuerza y un cierto grado de flexibilidad.
- La vieja campana china es grande, recta y firme, a diferencia de la campana curva del oeste. Sentarse como una campana significa que la columna vertebral está recta y firme, permitiendo que las fuerzas naturales vibren en el cuerpo.
- El viento se mueve sin peso. Caminar como el viento significa que el cuerpo es ligero y fluye conservando la energía.

Es importante dormir lo suficiente. Duerme la siesta o descansa entre las horas de trabajo. Si pasas largos ratos sentado, pasea un rato cada dos horas aproximadamente.

Sigue una dieta bien equilibrada que incluya ensaladas y una abundante variedad de frutas y verduras frescas. Aprende a cocinar la comida hasta que esté en su punto y no demasiado cocida. Evita las comidas preparadas, así como saltarte comidas, variar mucho los horarios o sobrealimentarte. Comer en exceso hace que la respiración deje de ser profunda e impide que los movimientos del cuerpo sean flexibles. Los taoístas consideran que comer en exceso es una obstrucción para la meditación, porque bloquea los centros psíquicos internos y la mente[2].

Evita fumar o tomar drogas. Antes de cantar, no tomes bebidas muy frías o comidas picantes. Descarta las comidas y bebidas que producen mucosa, como la leche, el yogur, la cerveza y la mantequilla. Compara estos consejos y verás cómo afecta negativamente a tu voz. Después de comer, espera dos horas para cantar. Practica en un sitio bien ventilado.

Vístete con cuidado. En invierno, no expongas el pecho y la nuca al aire frío y no salgas a dar un paseo justo después de ducharte o lavarte la cabeza. Mantén los pies calientes.

No hables cuando haya corriente y estos lugares siempre que puedas. Habla con moderación, especialmente antes de una representación, o tu voz podría cansarse. Algunos cantantes evitan hablar antes de la representación.

No abuses del sexo, ya que mina tu energía.

Cuídate los dientes o encías infectadas lo más rápido posible. Tener las amígdalas infectadas crónicamente o vegetaciones extirpadas afectará a tu garganta. Evita acercarte a gente con un fuerte resfriado, enfermedades de garganta o contagiosas.

Descansa un día o más si empiezas a tener molestias en la garganta, un resfriado o laringitis. Estas son las enfermedades más comunes en cantantes, artistas y gente que habla en público. Si te tomas un día de descanso, te recuperarás más deprisa. De no ser así, si sigues cantando con laringitis o molestias en la garganta, tu estado empeorará y te llevará más tiempo recuperarte. Si la situación no mejora, es conveniente ver a un médico porque una enfermedad de garganta seria puede afectar a los oídos y extenderse a otras partes del cuerpo.

Masajea la planta de los pies durante unos minutos antes de dormir y antes de levantarte, o cuando sientas la necesidad. Así estimularás la circulación sanguínea y relajarás la tensión nerviosa. Emplea el antiguo método taoísta para el masaje de los pies:

- Con la palma derecha, frota la planta del pie izquierdo haciendo un movimiento circular continuo. Puedes colocar la mano izquierda encima de la derecha para hacer una fricción más profunda. Haz lo mismo en el pie derecho.

- Frota un pie contra otro, como una alternativa a las manos, y con la planta de un pie frota el empeine del otro.
- Utiliza la eminencia metatarsiana de un pie para frotar el otro y viceversa. (Los chinos llaman a esa zona «burbuja de primavera»). Esto es especialmente bueno para los riñones.
- Utiliza el arco de un pie para masajear el tobillo del otro y viceversa.
- Masajea los dedos del pie con el pulgar o el dedo índice.

Cuida bien tus pies, no solo porque soportan tu peso y te ayudan a moverte, sino también porque si están enfermos pueden afectar a la digestión, la circulación sanguínea, el sistema nervioso, el corazón, el cerebro e incluso el resto del cuerpo[3].

Para la buena salud de los órganos internos, los taoístas recomiendan practicar los siguientes seis sonidos terapéuticos durante varios minutos al día. Practica seis veces cada sonido:

/ja/   para el corazón.
/jo/   para el bazo.
/sss/   para los pulmones.
/shi/   para el plexo solar.
/shü/   para el hígado.
/fu/   para los riñones.

Observa que la /u/ (en /shü/) se pronuncia manteniendo los labios como si pronunciaras /u/ (como en «tú»), pero en realidad lo que tienes que pronunciar es /i/. Al final de cada sonido la vocal se debe pronunciar con más fuerza. Más bien, lo ideal sería que después de pronunciar la consonante, la boca tuviera la forma de cuando soplamos aire o apagamos una vela.

Emite sonidos cortos y dentro de un registro cómodo. Practica con entusiasmo, pero no «presiones» el sonido hacia afuera. Para mantener la buena salud de tu instrumento vocal, es muy importante no tensar la voz con una producción vocal incorrecta. Evita cantar o hablar en un registro alto o abrir demasiado la boca forzándola a expulsar una gran cantidad de aire. Si tensas la garganta con frecuencia terminarás dañando tu voz y se pueden formar nódulos en las cuerdas vocales que afectarán a la calidad de tu sonido. Quitarse los nódulos con una operación no es una garantía de que la voz se recupere totalmente. En cambio, si cantas o hablas sin tensar la voz, la respiración profunda y las buenas vibraciones sonoras serán claramente beneficiosas para la salud física.

Conclusión: el canto y la conexión cuerpo-mente-espíritu

Existen muchas historias sobre el poder de la música en la curación y el mantenimiento de la salud. Probablemente incluso a ti te haya sucedido algo parecido. Para concluir este capítulo, mencionaré dos fuentes que apoyan el canto como terapia en el campo de la salud mental.

La primera proviene de Paul Nordoff y Clive Robbins, que en su libro *Music Therapy in Special Education*, hablan sobre el empleo del canto para ayudar a sus alumnos a expresar las emociones ocultas. Descubrieron que es una poderosa herramienta para ayudar a los niños con dificultades cognitivas, así como un placer para el público general. Para un niño, cantar es algo natural, así que lo que necesita es que se le anime a cantar y recibir una respuesta de entusiasmo y apoyo[4].

La segunda, proviene del doctor John M. Bellis, un psiquiatra cuyo trabajo se publicó en 1979 en la revista *Prevention*.

Su práctica se basaba en la terapia bioenergética, creada por el doctor Alexander Lowen, cuyo propósito es la conexión de la mente y el cuerpo. Las tensiones y la represión de la ansiedad tienden a reflejarse en el cuerpo y los músculos. Según la teoría de la bioenergética, la represión de la ansiedad, e incluso la propia ansiedad, se alivia a través de la liberación de las tensiones musculares y emocionales. El doctor Bellis descubrió que la gente encuentra en la música o en una canción la posibilidad de expresar pensamientos y emociones que de otra manera no son capaces. Con el cuerpo como instrumento, el doctor Bellis considera el empleo de la voz y el canto como una forma de integrar internamente las experiencias, liberando así la tensión[5].

Cuando cantes bien, especialmente con una voz apropiada y expresiva, crearás una poderosa vibración sonora y emocional que te conmueve, eleva tu espíritu, amplia tu mente y a veces te hará sentir inesperadamente ligero, como volando y extendiéndote más allá de ti mismo. Estas vibraciones, al liberar la tensión nerviosa, producen energía calmando la mente y brindando paz.

Notas

1 American Photographic Book Company, op. cit.

2 Yu, L. K., *The Secrets of Chinese Meditation*, Samuel Weiser, 1975, p. 124.

3 Liu, D., *The Tao of Health and Longevity*, pp. 149-150. Los chinos han descubierto que desde la pierna hasta el pie hay tres meridianos *yin*, que influyen en los brazos, los riñones y el hígado, y otros tres meridianos *yang*, que influyen en el estómago, la vejiga y la vesícula biliar. Cuando el maestro Liu enseñaba el masaje de pies y las posturas apropiadas, comentaba: «Si bien son simples cosas las que hacemos, ayudarán a mantener una buena salud».

4 Nordoff P. & Robbins, C., *Music Therapy in Special Education*, John Day Co., 1991.

5 La información sobre los trabajos de Lowen y Bellis ha sido obtenida de los escritos de Yates, J., «Make a Joyful Noise», *Prevention*, enero de 1979, pp. 50-51.

En esta misma editorial

ESTE DOLOR NO ES MÍO

Identifica y resuelve
los traumas familiares heredados

MARK WOLYNN

Mark Wolynn, fundador y director del Instituto
de Constelaciones Familiares (FCI) y pionero en el
estudio de los traumas familiares heredados, presenta
en *Este dolor no es mío* un enfoque transformador que
permite resolver problemas crónicos que no han
podido ser aliviados mediante la terapia tradicional,
los medicamentos u otras medidas.

SANAR EL CORAZÓN

Despertar el maestro interior
y sanar las heridas emocionales

KETAN RAVENTÓS KLEIN

Sanar el corazón será un fiel compañero de viaje
para quienes ya han iniciado el camino de sanación
y también para aquellos que sienten la llamada a despertar.
Nos acompaña a través de las distintas fases y paisajes
de la búsqueda espiritual y el viaje interior, y nos invita
a escuchar la sabiduría de nuestro corazón, a conocernos
íntimamente, a desprendernos de corazas innecesarias,
a respetarnos y a responsabilizarnos.

EL MÉTODO IN CORPO

Transforma tu realidad a través de tu cuerpo

JOSEP SOLER SALA

Según explica Josep, el cuerpo no actúa respondiendo
a una causa sino siguiendo un propósito, por lo que si
prestas atención a las señales que el cuerpo te refleja como
un espejo, conseguirás comprender no solo tu propia vida,
sino la Vida en un sentido amplio. Tu transformación,
entonces, no tendrá límite y serás capaz de desplegar
tu potencial infinito.

GRUPO GAIA

Para más información
sobre otros títulos de
GAIA EDICIONES

visita
www.grupogaia.es
Email: grupogaia@grupogaia.es
Tel.: (+34) 91 617 08 67